Vivaldi / *Serenata a 3*

EDIZIONE CRITICA DELLE OPERE DI
CRITICAL EDITION OF THE WORKS OF

ANTONIO VIVALDI

FONDAZIONE GIORGIO CINI
ISTITUTO ITALIANO ANTONIO VIVALDI

ANTONIO VIVALDI

Serenata a 3

RV 690

Riduzione per canto e pianoforte condotta sull'edizione critica della partitura a cura di	Reduction for voice and piano based on the critical edition of the orchestral score by

ALESSANDRO BORIN

RICORDI

Riduzione per canto e pianoforte di – Reduction for voice and piano by Antonio Frigé

Traduzione in lingua inglese di – English translation by Michael Talbot

Produzione, distribuzione e vendita: Hal Leonard MGB
Via Liguria, 4 – fraz. Sesto Ulteriano – 20098 San Giuliano Milanese (MI)

CP 141152
ISBN 978-88-7592-980-0
ISMN 979-0-041-41152-1

INDICE / CONTENTS

PREFAZIONE GENERALE

L'*Edizione critica* delle opere di Antonio Vivaldi si propone di pubblicare le partiture delle tre serenate e di tutti i *drammi per musica*, nonché di tutte le sonate, i concerti e le sinfonie, a partire dalle composizioni contenute all'interno delle raccolte a stampa edite vivente l'autore (con o senza numero d'*opus*); ciascun volume, oltre alle opere autentiche trasmesse attraverso una determinata raccolta a stampa, comprende tutte le più significative varianti della tradizione manoscritta. Le composizioni strumentali testimoniate esclusivamente in forma manoscritta sono invece pubblicate in fascicoli singoli o per gruppi equieterogenei (ad esempio, sulla base dell'organico, del destinatario, della locazione delle fonti, ecc.).

I criteri che guidano l'*Edizione critica* sono analiticamente esposti nelle *Nuove norme editoriali* redatte a cura del Comitato editoriale dell'Istituto Italiano Antonio Vivaldi.[1] Se ne offre qui un estratto che descrive, nei termini indispensabili alla comprensione della partitura, la tecnica editoriale adottata.

L'edizione si propone di presentare il testo così come è ricostruibile sulla base della critica delle fonti, alla luce della prassi notazionale contemporanea e delle coeve convenzioni esecutive.

La tecnica di edizione adottata per singole opere o per gruppi di opere è illustrata nell'*Introduzione*, che contiene:

1. Una trattazione dell'origine e delle caratteristiche generali della composizione (o delle composizioni).
2. Un elenco delle fonti (comprese le fonti letterarie, quando rivestono particolare importanza).
3. Una descrizione analitica di tutte le fonti che il curatore ha collazionato o consultato, comprese le più importanti edizioni moderne.
4. Una relazione e una spiegazione relative alle scelte testuali derivanti dallo stato delle fonti e delle loro reciproche relazioni e alle soluzioni adottate per composizioni particolarmente problematiche, non previste nella *Prefazione generale*. In particolare, viene specificato quale fonte è usata come fonte principale dell'edizione, quale (o quali) sono state collazionate, consultate o semplicemente elencate.
5. Una discussione sulla prassi esecutiva relativa alle composizioni edite.

Un *Apparato critico*, dedicato alla lezione originale e alla sua interpretazione, contiene la registrazione di tutte le varianti rispetto alla fonte principale e alle fonti collazionate.

Ogni intervento del curatore sul testo che vada al di là della semplice traslitterazione della notazione antica o che non corrisponda a un preciso sistema di conversione grafica qui segnalato, viene menzionato nell'*Apparato critico* o evidenziato attraverso l'uso di specifici segni:

1. Parentesi quadre (per indicazioni espressive o esecutive mancanti nelle fonti e aggiunte per assimilazione orizzontale o verticale; per correzioni e aggiunte del curatore laddove nessuna delle fonti fornisce, a suo giudizio, un testo corretto; per l'indicazione del testo letterario incompleto o carente sotto la linea o le linee del canto).
2. Linee tratteggiate (per legature di articolazione o di valore aggiunte dal curatore).
3. Semiparentesi quadre (per il testo musicale o letterario derivato in modo esplicito – mediante abbreviazione – o implicito da un altro rigo).

Non vengono di norma segnalati nell'edizione gli interventi del curatore nei casi seguenti:

1. Quando viene aggiunta una legatura fra l'appoggiatura e la nota principale. Questa regola vale anche nel caso di gruppi di note con funzione di appoggiatura.

---

[1] «Studi vivaldiani», 9, 2009, pp. 91-103.

2. Quando segni di articolazione (per esempio, punti di staccato) sono aggiunti a una serie di segni simili per assimilazione, sulla base di inequivocabili indicazioni della fonte.

3. Quando la punteggiatura viene corretta, normalizzata o modernizzata; lo stesso vale per l'ortografia e l'uso delle maiuscole.

4. Quando abbreviazioni comunemente usate vengono sciolte.

5. Quando pause di un'intera battuta mancanti nella fonte vengono aggiunte, non sussistendo alcun dubbio che una parte del testo musicale sia stata inavvertitamente omessa.

6. Quando vengono introdotti dal curatore segni ritmici indicanti modalità di esecuzione.

L'ordine delle parti strumentali nella partitura segue la prassi editoriale moderna.

La notazione trasposta dell'originale (per il violone, il flautino, il corno) viene mantenuta nell'edizione; nell'*Apparato critico* viene specificato l'intervallo di trasposizione dei singoli strumenti (con l'eccezione del violone). Le parti in notazione di «bassetto» (violini, viole, clarinetti, chalumeaux ecc.) sono trascritte nelle chiavi di violino e di contralto, nell'ottava appropriata.

Nell'*Apparato critico*, l'altezza dei suoni viene così citata:

Pertanto, la traslitterazione nella notazione moderna comporta l'automatica aggiunta di certe alterazioni e la soppressione di altre. Inflessioni cromatiche non esplicite nella notazione della fonte originale, ma aggiunte dal curatore, sono segnalate, quando è possibile, nella partitura, ponendo fra parentesi quadre l'alterazione o le alterazioni introdotte. Se la stessa alterazione è presente nell'armatura di chiave, ovvero appare precedentemente nella stessa battuta, mantenendo dunque, secondo le convenzioni moderne, la propria validità, l'intervento del curatore viene segnalato nell'*Apparato critico*, dove viene offerta la lezione originale. Quando si fa riferimento a note della fonte che, anche se interessate da un'inflessione cromatica, non sono precedute da alcuna alterazione (generalmente perché l'inflessione è prescritta dall'armatura di chiave), la parola o il simbolo per l'inflessione sono racchiusi tra parentesi quadre.

Il rigo del basso, che spesso si riferisce non solo agli strumenti del continuo, ma a tutti gli strumenti gravi dell'orchestra, è fornito di tutte le numeriche del basso esistenti nell'originale, stampate sotto di esso. Queste numeriche possono essere, se necessario, corrette dal curatore. Le alterazioni sono apposte davanti alle numeriche cui si riferiscono e i tratti trasversali indicanti l'alterazione cromatica di una nota sono sostituiti dal diesis o dal bequadro

Do₁ ——— Si₁   Do₂ ——— Si₂   Do₃ ——— Si₃   Do₄ ——— Si₄   Do₅

Sono mantenute le armature di chiave originarie. L'edizione usa le seguenti chiavi: per le parti strumentali, le chiavi di violino, di contralto e di basso secondo l'uso moderno; per le parti vocali, la chiave di violino, la chiave di violino tenorizzata e la chiave di basso. Le chiavi originali o i cambiamenti di chiave sono registrati nell'*Apparato critico*.

Per quanto concerne il trattamento delle alterazioni, le fonti settecentesche della musica di Vivaldi seguono l'antica convenzione secondo la quale le inflessioni cromatiche mantengono la loro validità solamente per il tempo in cui la nota alla quale è premessa l'alterazione è ripetuta senza essere interrotta da altri valori melodici, indipendentemente dalla presenza o meno della stanghetta di battuta.

corrispondenti. L'abbassamento di un semitono di una cifra del basso precedentemente diesizzata è sempre indicata col segno di bequadro, anche se le fonti, talvolta, usano per lo stesso scopo il segno di bemolle. Le indicazioni «Solo» e «Tutti» nel basso, sempre in parentesi quadre se aggiunte dal curatore, implicano dei cambiamenti nella strumentazione della linea del basso, descritti più analiticamente nell'*Apparato critico*. Particolari figurazioni ritmiche nella linea del basso non devono necessariamente essere eseguite da tutti gli strumenti del continuo: così, veloci disegni in scala possono essere affidati ai soli strumenti ad arco; a sua volta il clavicembalo può suddividere in valori più brevi lunghe note tenute dal basso, dove questo si addica alla generale struttura ritmica del brano.

Una realizzazione del basso continuo per strumento a tastiera viene fornita in un fascicolo stampato a parte.

Quando la ripetizione del *Da Capo* non è scritta per esteso (come avviene perlopiù nelle composizioni vocali), la prima sezione deve essere ripetuta dall'inizio o dal segno, sino alla cadenza della tonalità fondamentale, contrassegnata generalmente da una corona, o sino al segno. Nelle arie e in composizioni vocali simili, il *Da Capo* deve essere eseguito dal solista (o dai solisti) con nuovi abbellimenti, in armonia con il carattere ritmico e melodico del brano.

Nei recitativi, le appoggiature per la parte di canto non vengono indicate una per una nel testo dell'edizione; pertanto il cantante deve compiere sempre una scelta giudiziosa in riferimento a dove introdurle. Di norma sono richieste in tutte le formule cadenzali con un intervallo discendente prima dell'ultima sillaba accentata di una frase; se l'intervallo è una seconda o una terza maggiore o minore, la sillaba accentata è cantata un tono o un semitono sopra (secondo l'accordo sottostante) rispetto alla nota successiva; se l'intervallo è più ampio di una terza, la sillaba accentata è intonata alla stessa altezza della nota precedente. Questo vale sia che il basso abbia o non abbia una cadenza, sia che la nota dell'appoggiatura sia consonante o meno col basso. Talvolta si possono introdurre appoggiature anche all'interno di una frase, per enfatizzare certe parole, anche quando l'ultima sillaba accentata è raggiunta partendo da una nota inferiore. Ma anche in questo caso, la nota dell'appoggiatura deve essere più alta rispetto alla nota successiva; appoggiature ascendenti possono essere consigliabili in frasi che terminano con un punto di domanda o che richiedono una particolare espressività. Nei recitativi, quando non altrimenti indicato, tutte le note del basso e gli accordi corrispondenti devono essere eseguiti come «attacchi» di breve durata; questo, in particolare, nella musica vocale profana. Devono essere tenuti solo gli accordi alla fine di un recitativo, segnalati da una corona. Nei recitativi di composizioni profane non è consigliabile ritardare troppo gli accordi in corrispondenza delle cadenze. Le «cadenze posposte», nelle quali la nota del basso entra dopo che la voce ha smesso di cantare, sono suggerite nell'edizione solo per conclusioni cadenzali particolarmente importanti, mediante l'inserzione di una virgola tra parentesi sopra il rigo del basso. Dopo una cadenza, nel corso di un recitativo, si dovrebbe evitare un ritardo nell'attacco della frase successiva, a meno che una virgola tra parentesi non lo richieda espressamente.

Gli abbellimenti vocali e strumentali diversi da quelli da impiegarsi nel *Da Capo* e nei recitativi sono aggiunti dal curatore (fra parentesi quadre) se assenti nella fonte, nei punti in cui sono di norma richiesti dalle convenzioni esecutive dell'epoca di Vivaldi. Se la fonte indica o sottintende una cadenza, questo verrà specificato nell'*Apparato critico*, ma di norma non ne verrà offerta una realizzazione. Nelle arie con *Da Capo* è solitamente richiesta una cadenza almeno alla fine dell'ultima sezione, e spesso anche alla fine della seconda (quella centrale); ciò non verrà specificato caso per caso nell'*Apparato critico*, salvo laddove occorra chiarire l'esatta posizione della cadenza stessa.

GENERAL PREFACE

The *Critical Edition* of the works of Antonio Vivaldi has set itself the task of publishing the scores of the three serenatas, all the operas, and all the sonatas, concertos and sinfonias, starting with the works contained in the published collections (with or without opus number) that appeared during his lifetime. Each volume includes, in addition to the authentic works within a given published collection, the most significant variants of the manuscript tradition. However, instrumental works preserved only in manuscript sources are published individually or in groups of similar works (linked by scoring, destination, source location etc.).

The guiding principles behind the *Critical Edition* are set out in detail in the *New Editorial Norms* prepared by the Editorial Committee of the Istituto Italiano Antonio Vivaldi.[1] We give below a summary that describes, in terms essential to the understanding of the score, the editorial principles adopted.

The edition aims at maximum fidelity to the composer's intentions as ascertained from the sources in the light of the contemporary notational and performance practice.

The editorial method employed for single work or groups of works is described in the *Introduction*, which contains:

1. A statement of the origin and general characteristics of the composition (or compositions).
2. A list of the sources (including the literary sources, when these are of particular importance).
3. An analytical description of all the sources that the editor has collated or consulted, including the most important modern editions.
4. An account and explanation of decisions about the text arising from the state of the sources and their interrelationship, and of the solutions adopted for particularly problematic compositions, unless these are already covered in the *General Preface*. In particular, it will be made clear which sources has been used as the main source of the edition, and which other (or others) have been collated, consulted or merely listed.
5. A discussion of performance practice in relation to the compositions published.

A *Critical Commentary*, concerned with original readings and their interpretation, lists all variations existing between the main source and the collated sources.

All instances of editorial intervention which go beyond simple transliteration of the old notation or which do not conform to a precise system of graphical conversion described below will be mentioned in the *Critical Commentary* or shown by special signs:

1. Square brackets (for marks of expression or directions to the performer absent in the sources or added through horizontal or vertical assimilation; for editorial corrections and additions in cases where none of the sources, in the editor's judgement, provides a correct text; for indicating that a literary text underlaid to the notes of a vocal part is incomplete or otherwise deficient).
2. Broken lines (for slurs and ties added editorially).
3. Square half-brackets (for musical or literary text derived explicitly—by means of an abbreviation—or implicitly from another stave).

Normally, the editor will intervene tacitly in the following cases:

1. When a slur linking an appoggiatura to the main note is added. This applies also to groups of notes functioning as appoggiaturas.

---

[1] "Studi vivaldiani", 9, 2009, pp. 91–103.

2. When marks of articulation (e.g. staccato dots) are added to a series of similar marks by assimilation and the source leaves no doubt that this is intended.
3. When punctuation is corrected, normalized or modernized; the same applies to spelling and capitalization.
4. When commonly used abbreviations are resolved.
5. When whole-bar rests absent in the source are added, there being no reason to think that a portion of musical text has inadvertently been omitted.
6. When editorial rhythmic signs indicating a manner of performance are added.

The order of the instrumental parts in the score follows modern publishing practice.

Transposing notation in the original (for violone, flautino, horn) is retained in the edition; in the *Critical Commentary* the interval of transposition of individual instruments (violone excepted) is specified. Parts in "bassetto" notation (violins, violas, clarinets, chalumeaux, etc.) are written out in the appropriate octave, using treble or alto clefs.

In the *Critical Commentary*, the pitches are cited according to the following system:

square brackets. If the same accidental is present in the key signature, the editorial intervention is recorded in the *Critical Commentary*, where the original reading is given. When reference is made to notes in the source that, even though chromatically inflected, are not prefixed by an accidental (generally because the inflection follows from the key signature), the word or symbol representing the inflection enclosed in square brackets.

The stave for the bass, which is often not only for the continuo instruments but also for all the deep instruments of the orchestra, retains all the bass figures present in the original, which are printed below it. Where necessary, these figures may be corrected by the editor. Accidentals precede the figures to which they refer, and cross-strokes indicating the chromatic inflection of a note are replaced by the equivalent sharp or natural. The lowering by a semitone of a previously sharpened bass figure is always indicated with the natural sign, although the sources sometimes use the flat sign synonymously. The directions "Solo" and "Tutti" in the bass, always in small print if editorial, call for changes in the instrumentation of the bass line, which are described more fully in the *Critical Commentary*. Particular rhythmic figurations in the bass

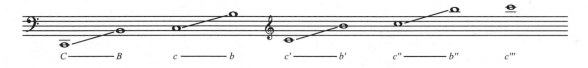

$$C \text{——} B \qquad c \text{——} b \qquad c' \text{——} b' \qquad c'' \text{——} b'' \qquad c'''$$

The original key signatures are retained. The edition employs the following clefs: for instrumental parts, treble, alto, tenor and bass clefs following modern usage; for vocal parts, treble, "tenor G" and bass clefs. Original clefs and clef changes are recorded in the *Critical Commentary*.

As regards the treatment of accidentals, the eighteenth-century sources of Vivaldi's music adhere to the old convention whereby chromatic inflections retain their validity for only so long as the note to which an accidental has been prefixed is repeated without interruption, irrespective of barlines. Conversion to modern notation thus entails the tacit addition of some accidentals and the suppression of others. Chromatic inflections not made explicit in the notation of the original source, but supplied editorially, are shown where possible in the score, the one or more accidentals entailed being enclosed in

line are not necessarily meant to be performed by all the continuo instruments: thus, rapid scales may be left to the stringed bass instruments, while the harpsichord may split sustained bass notes into shorter values, where this conforms to the general rhythm of the piece. A realization of the basso continuo for keyboard is supplied separately.

Where the *Da Capo* repeat is not written out (mostly in vocal movements), the first section has to be repeated, from the beginning or from the sign, up to the tonic cadence at the end of this section, which is usually marked by a fermata, or up to the sign. In arias and similar vocal movements, the *Da Capo* repeat should be performed by the soloist(s) with new embellishments in accordance with the rhythmic and melodic character of the piece.

In recitatives, the appoggiaturas for the singer are not indicated individually in the text of the edition;

therefore the singer must always choose judiciously where to introduce them. They are normally expected in all cadential formulas where there is a falling interval before the last accented syllable of a phrase; if this interval is a minor or major second or a major or minor third, the accented syllable is sung a tone or semitone higher (according to the harmony); if the interval is larger than a third, the accented syllable is sung at the same pitch as the preceding note. This is valid whether or not the bass actually cadences at that point, and whether or not the appoggiatura is consonant or dissonant with the bass. Occasionally, appoggiaturas can also be sung within a phrase, to lend emphasis to certain words—even when the last accented syllable is approached from below. But here, too, the appoggiatura should lie above the note following it; rising appoggiaturas may be appropriate in phrases ending with a question mark or where special expressiveness is required. In recitatives, unless otherwise indicated, all the bass notes and the chords above them should be performed with short "attacks", especially in secular vocal music. Sustained chords are limited to those at the end of a recitative marked by a fermata. In the recitatives of secular compositions it is not advisable to delay the arrival of the cadential chords. "Postponed" cadences, in which the bass note enters after the voice has finished singing, are recommended in the edition only for particularly important final cadences, and are shown by the insertion of a bracketed comma above the bass stave. After an intermediate cadence during a recitative there should be no pause before proceeding to the next phrase unless a bracketed comma indicates this specifically.

Vocal and instrumental embellishments other than those in *Da Capo* repeats and in recitatives are supplied editorially (in square brackets) if absent from the source in places where they are normally required by the performing conventions of Vivaldi's age. If the source indicates or implies a cadenza, this will be pointed out in the *Critical Commentary*, but normally no specimen of one will be supplied. In *Da Capo* arias cadenzas are usually expected at least at the end of the last section, and often also at the end of the second (middle) section; this will not be specified in the *Critical Commentary* for individual instances, except where necessary to clarify the exact position of the cadenza.

INTRODUZIONE

La *Serenata a 3*, RV 690, è la più antica e per certi aspetti la più enigmatica delle serenate vivaldiane pervenuteci. L'unica fonte superstite è il manoscritto autografo della partitura, conservato presso la Biblioteca Nazionale Universitaria di Torino (Foà 27, cc. 95-145), il cui frontespizio recita semplicemente:

> Serenata à 3 | 2 Canti, e Tenore | con Istrom[en]ti, Corni dà Caccia, et Oboè | e Fagotto [aggiunto successivamente] | Del Vivaldi | Pour Monsieur le Mar[quis] du Toureil | Personaggi Eurilla, Nice, et Alcindo Pastori

Sulla base di queste scarne informazioni Michael Talbot è riuscito a identificare il destinatario dell'opera e a proporre una chiave di lettura per la sua insolita drammaturgia, che traspone sul piano allegorico la storia del giansenista francese Jean de Tourreil, arrestato in Italia per ordine del Sant'Uffizio e imprigionato a Castel Sant'Angelo.[1] La serenata andrebbe dunque considerata una sorta di favola ammonitrice, concepita sullo sfondo delle grandi controversie dottrinali sorte in seguito alla diffusione delle idee gianseniste durante il pontificato di Clemente XI, quasi certamente collegata all'iniziativa di uno o più personaggi pubblici gravitanti attorno all'orbita del Sant'Uffizio o direttamente implicati nell'*affaire Tourreil*.

Molti dei quesiti inerenti la genesi della partitura vivaldiana rimangono tuttavia ancora irrisolti. Quando e dove fu composta la serenata? Chi ne fu il committente? In quale occasione ebbe luogo la sua prima esecuzione? A queste e ad altre domande si cercherà di dare risposta nelle pagine che seguiranno, partendo dal presupposto che il testo letterario di questo tipo di composizioni è molto spesso connotato da più livelli di significato e può racchiudere al suo interno la chiave per interpretarne il messaggio recondito.

A tutta prima la serenata racconta la storia di un amore non corrisposto: consigliata dalla propria confidente, Nice, la ninfa Eurilla cerca invano di conquistare l'affascinante Alcindo. Questi le offre dapprima la sua venerazione e poi accondiscende a fingersi innamorato, senza però rinunciare alla propria libertà. Esacerbata dal comportamento elusivo di Alcindo, Eurilla rende esplicite le sue vere intenzioni e ammette di aver a sua volta simulato un sentimento amoroso solo per punirne l'alterigia. Nel coro conclusivo ella esorta perciò le ninfe e gli altri pastori a tendergli un agguato per fare scempio del suo corpo.

Il numero limitato degli interlocutori, l'ambientazione arcadica e la semplicità dell'intreccio discriminano altrettanti elementi tipici del genere della serenata. Anche l'epilogo tragico, benché anomalo, non è completamente estraneo alla tradizione di questo genere musicale. Ciò che vien meno è invece la fondamentale funzione encomiastica del testo letterario di RV 690, che integra la fenomenologia amorosa in una visione precettistico-moraleggiante in cui Alcindo rappresenta l'eretico giansenista riluttante a sottomettersi all'autorità ecclesiastica, mentre i due caratteri femminili, Eurilla e Nice, corrispondono al binomio Chiesa/Inquisizione.[2]

Quella del personaggio centrale, l'abate tolosano Jean de Tourreil, è una figura affascinante e per molti versi ancora poco indagata. Secondo le scarne notizie riportate sul suo conto nell'*Historie générale de l'Eglise de Toulouse* dell'abate Salvan, egli fu «prieur de Monbazin, et passait pour un homme très versé dans la théologie».[3] Molto probabilmente Salvan ricavò questi pochi dati dall'*Histoire de la ville de Toulouse* di Jean Raynal, dove Tourreil è ricordato per aver donato al «Convent des Dominicans de Toulouse, un fonds pour entretenir deux Professeurs publics, qui enseignassent la Théologie, suivant les

---

[1] Cfr. MICHAEL TALBOT, *Vivaldi's Serenatas: Long Cantatas or Short Operas?*, in *Antonio Vivaldi. Teatro musicale, cultura e società*, a cura di Lorenzo Bianconi e Giovanni Morelli («Quaderni vivaldiani», 2), Firenze, Olschki, 1982, pp. 67-96: 87-91.

[2] *Ibid.*, p. 89.

[3] ADRIEN SALVAN, *Historie Générale de l'Eglise de Toulouse*, Tolosa, Delboy, 1861, IV, p. 410.

principes de Saint Thomas», un campo di studi nel quale egli si sarebbe distinto come «l'un des plus sça- vans Théologiens de son siècle».[4] Nessuno dei re- pertori biografici più antichi menziona l'anno della sua nascita, mentre i rispettivi autori sono spesso in disaccordo rispetto a quello di morte. Secondo Raynal, Tourreil morì a Roma attorno al 1715 o al 1717, mentre Louis Moreri[5] e Louis Gabriel Michaud[6] attestano, rispettivamente, il 1717 e il 1719 (il primo fornisce anche la probabile causa del decesso, imputabile a una idropisia di petto).

Le prime tracce delle sue attività propagandistiche risalgono agli anni Ottanta del diciassettesimo secolo, quando fu coinvolto nel processo intentato contro Charles Peissonel, il medico marsigliese al centro di un fitto reticolo di scambi epistolari e librari avvenuti sullo sfondo della crisi della «régale» e delle pole- miche seguite alla soppressione della *Congrégation des filles de l'enfance de Nostre Seigneur Jésus Christ*. Questa confraternita religiosa, fondata a Tolosa nel 1652, ebbe una vita tanto breve quanto travagliata. Nel 1682 un incidente che aveva coinvolto una delle figlie causò una visita ispettiva dell'arcivescovo di Tolosa, mentre due anni dopo alcuni teologi vicini a Luigi XIV misero in dubbio l'ortodossia dottrinale propugnata dai fondatori dell'istituto, l'abate Gabriel de Ciron e Madame Jeanne Juliard de Mondonville, accusandoli di propagandare delle idee rigoriste.

Agitando il vessillo dell'antigiansenismo il Re Sole intendeva in realtà alimentare una campagna diffamatoria il cui vero scopo era quello di colpire i propri avversari nella *querelle de la régale*, tanto che nel maggio del 1686 promulgò un editto che sancì la definitiva soppressione della confraternita. Nel contempo i retroscena della fine ingloriosa delle figlie di Tolosa iniziarono ad essere utilizzati per avviare una controcampagna informativa affidata alla circolazione di una pletora di testi apologetici, sia a stampa che manoscritti. Nella sua *Bibliothèque historique de la France*, edita a Parigi nel 1719, Jacques Lelong attribuì proprio a Tourreil la paternità del più noto di essi, *L'innocence opprimée par la calomnie, ou l'histoire de la congregation des Filles de l'Enfance de nostre Seigneur Jesus-Christ* [...], pubblicato anonimo nel 1687.

Nell'autunno di quello stesso anno fu sequestrato un plico contenente alcuni esemplari del libro indi- rizzati a Charles Peissonel, cui fece seguito un'in- chiesta volta a individuare la rete dei suoi corrispon- denti, accusati di cospirazione e di lesa maestà.[7] Quattro anni dopo, nel 1691, lo stampatore tolosano Pierre de la Noue pubblicò una *Suite de l'innocence opprimée dans les filles de l'enfance,* attribuita a Pierre de Porrade, prodiga di notizie e di riferimenti inerenti al coinvolgimento dell'abate Tourreil nel- l'*affaire Peissonel*:

On avait appris peu de temps après la détention du Sr. Peissonel que Mrs. de Torreils avoient été arrêtez à leur maison de campagne par un Officier & dix ou douze archers, & menez ainsi a Toulouse: mais comme Messieurs les Capitous avoient fait grande difficulté de les recevoir dans les prisons de la maison de ville, cela n'étant pas porté par les ordres de sa Majesté, comme toute la ville y alla voir ces prisonniers, & qu'on fais oit beaucoup de bruit sur ce que contre les ordres qui ne regard oient que Mr. l'Abbé de Torreil, on avait aussi arrêté un de ses frères qui s'était trouvé avec lui, toutes les personnes de cette ville s'intéressèrent beaucoup pour des gens de cette qualité & de ce mérite. Cela obligea l'Officier à s'en tenir à l'ordre du Roi sans les entreposer, & ne retenant plus que Mr. l'Abbé qui fut conduit au château trompette conformément à ses ordres. L'autre frère fut mis en liberté & Dieu permit que celui contre lequel il n'y avait aucune charge fut le seul arrêté, pouvant après facilement se justifier & se tiret vitement d'affaires, ce qu'il fit quelque temps après avoir été mis à cette Citadelle de Bordeaux. On prit grand soin de cacher à Marseille la généreuse conduite des Magistrats & des Mrs. de Toulouse, de peur sans doute qu'en cette ville sur un tel exemple on n'en devint plus hardi, & qu'on ne resistàt à ce qu'on méditait contre l'intérêt de la Communauté & l'utilité du Public. Je ne vous dirai plus grand chose de ce qui regard Mrs. de Torreils dont la vertu & la science ont donné tant de jalousie & leur ont attiré de si puissans adversaires. Vous les connaissez mieux que moi, & pouvez aisément sçavoir tout ce qui s'est passé à leur égard beaucoup mieux que ne pourrois vous apprendre.[8]

---

4   Jean Raynal, *Histoire de la ville de Toulouse*, Tolosa, Forest, 1759, p. 393.

5   Cfr. Louis Moreri, *Supplément au Grand dictionnaire his- torique ou Le melange curieux de l'histoire sacrée et profane* [...], Parigi, Vincent, 1735, II, p. 400.

6   Cfr. *Biographie universelle ancienne et moderne*, Parigi, Michaud, 1826, XLVI, p. 385.

7   Cfr. *Abrégé de l'histoire ecclésiastique* [...], Colonia, [s. i.], 1767, XIII, pp. 233-239.

8   [Pierre de Pourrade], *Suite de l'innocence opprimée dans les filles de l'enfance* [...], Tolosa, de la Noue, 1691, p. 89.

In un passaggio successivo si evince che la principale imputazione a carico di Tourreil consisteva nel ritenerlo il vero autore de *L'innocence opprimée par la calomnie*:

> [...] Mr. L'Intendent Bouchu qui les fit arrêter à Tulette croiant que Mr. Dupi était Mr. de Torreil contre qui on éto[it] animé parce qu'on le croioit l'Autheur du livre de l'Enfance.[9]

La sentenza del processo, trascritta in calce al resoconto di Porrade, fu emessa il 12 febbraio 1689. L'abate Tourreil, insieme ad altri suoi concittadini coinvolti nello scandalo, fu condannato all'esilio perpetuo e alla confisca di tutte le sue proprietà. Come la maggior parte dei fuorusciti a causa dell'*affaire Peissonel* egli stabilì la sua residenza a Roma, dove poteva contare sull'appoggio del cardinale Girolamo Casanate, assumendo lo pseudonimo di «Antonio Alberti».[10] Secondo Gottfried Wilhelm Leibniz, che Tourreil incontrò nel 1689 e con il quale mantenne un vivace scambio epistolare, la scelta di questo nome fittizio costituirebbe una sorta di omaggio ad Antoine Arnauld, del quale riprendeva le iniziali.[11]

Nell'Urbe Alberti/Tourreil partecipò alle riunioni dell'Accademia Fisicomatematica e fu accolto fra gli arcadi con il nome pastorale di «Macrone Iseo».[12] Esperto grecista, nel 1694 collaborò alla correzione dei *Collectanea monumentorum veterum Ecclesiae graecae ac latinae* compilati da un altro rinomato arcade, il prefetto della Biblioteca Vaticana Lorenzo Alessandro Zaccagni («Procippo Esculapiano»). Sempre in Arcadia entrò in contatto con l'abate Paolo della Stufa («Sileno Perrasio»), all'epoca agente romano del cardinale Francesco Maria de' Medici.[13] Proveniente da un'antica e nobile famiglia

fiorentina, della Stufa era infatti un solerte estimatore di Arnauld, del quale aveva tradotto in italiano la *Logique ou l'art de penser* (Parigi, 1662).[14] Egli era inoltre in strettissimi rapporti con un altro degli esuli francesi per via della «régale», il prete secolare Louis Maille, che risiedeva nella stessa dimora occupata dal Tourreil.

Nel complesso Tourreil trascorse a Roma otto anni, durante i quali il suo nome circolò con una certa insistenza negli epistolari dei personaggi più vari e più o meno compromessi nella polemica sul giansenismo, come Antoine Arnauld,[15] Jacques-Bénigne Bossuet,[16] Germain Vuillart,[17] Louis-Paul du Vaucel[18] e Pasquier Quesnel.[19] Nei primi mesi del 1695 egli iniziò a pensare con insistenza a un suo definitivo rientro in Francia, interessando al suo caso l'ambasciatore francese a Roma, il cardinale Toussaint de Forbin-Janson, attraverso cui sperava di assicurarsi l'intermediazione del confessore di Luigi XIV, il gesuita François de La Chaise. In un primo momento sembrava che le patenti necessarie per il suo ritorno dovessero giungere a Roma subito dopo la Pasqua, ma in realtà la situazione restò congelata a causa dei continui temporeggiamenti di padre de La Chaise.

Messa per il momento da parte la possibilità di ottenere la grazia, alla fine dell'estate del 1697 Tourreil raggiunse a Firenze un altro esule tolosano, N. André, che celava la sua reale identità sotto lo pseudonimo di «don Salvatore». Nella capitale del Granducato ebbe modo di apprezzare la protezione del marchese Sigismondo della Stufa, fratello di Paolo e già gentiluomo di camera del granduca Cosimo III.[20] Contemporaneamente allacciò dei rapporti molto

---

9 *Ibid.*, pp. 113-114.

10 Cfr. *De Toulouse à Rome au temps du jansénisme. Documents inédits sur les Filles de L'Enfance et Mme de Mondonville*, «Revue historique de Toulouse», 23, 1936, pp. 97-136.

11 Cfr. CARL IMMANUEL GERHARDT, *Die philosophischen Schriften von G. W. Leibniz*, Berlino, Weidemann, 1887, VII, p. 457.

12 Cfr. VINCENZO LANCETTI, *Pseudonimia ovvero tavole alfabetiche de' nomi finti o supposti degli scrittori con la contrapposizione de' veri* [...], Milano, Pirola, 1836, p. 170, e EMIL WELLER, *Die maskirte Literatur der älteren und neueren Sprachen*, Lipsia, Falke & Rössler, 1856, I. Index Pseudonymorum, p. 91.

13 Cfr. GIOVAN MARIO CRESCIMBENI, *L'Arcadia*, Roma, de Rossi, 1711, p. 330.

14 Cfr. *Notizie istoriche degli Arcadi morti*, Roma, de Rossi, 1720-1721, II, p. 269.

15 Cfr. *Œuvres de messire Antoine Arnauld* [...], Parigi-Losanna, d'Arnay & Compagnie, 1775-1783.

16 Cfr. JAQUES BÉNIGNE BOUSSET, *Correspondance*, a cura di Ch. Urbain e E. Levesque, Parigi, Hachette, 1909-1923.

17 Cfr. *Lettres de Germain Vuillart ami de Port-Royal à M. Louis de Préfontaine (1694-1700)*, a cura di Ruth Clark, Ginevra, Droz, 1951.

18 Cfr. BRUNO NEVEU, *La correspondance romaine de Louis-Paul du Vaucel (1683-1703)*, in *Actes du colloque sur le jansénisme. Rome, 2 et 3 nov. 1973*, Lovanio, Nauwelaerts, 1977, pp. 106-185.

19 Cfr. JOSEPH ANNA GUILLAUME TANS e H. SCHMITZ DU MOULIN, *La correspondance de Pasquier Quesnel: inventaire et index analytique*, «Bibliothèque de la revue d'histoire ecclésiastique», 78, Bruxelles, Nauwelaerts, 1993.

20 Cfr. ILDEFONSO DI SAN LUIGI, *Delizie degli eruditi toscani*, Firenze, Cambiagi, 1781, XV, pp. 413-414.

cordiali con alcuni fra i più noti esponenti del *milieu intellectuel* fiorentino del tempo, come il bibliofilo Antonio Magliabechi, il segretario dell'Accademia Fiorentina e sovrintendente della stamperia granducale Tommaso Buonaventuri e soprattutto l'accademico della Crusca Anton Maria Salvini. A quest'ultimo, in particolare, fu legato da un'affinità spontanea, alimentata dalla comune passione per la lingua greca, tanto che nelle sue annotazioni critiche a corredo del quarto volume *Della perfetta poesia italiana* di Lodovico Antonio Muratori, il Salvini gli tributerà un toccante omaggio postumo, ricordandolo come il «giudicioso e dotto ed amorevole Abate Torello».[21]

Nell'autunno del 1699 Tourreil rientrò momentaneamente in Francia, forse per perorare di persona la propria richiesta di amnistia. A Parigi incontrò il segretario di stato per gli affari stranieri, il marchese de Torcy, dal quale ricevette una lettera di raccomandazione per l'ambasciatore Forbin-Janson. Appena tornato in Italia si incontrò a Roma con il diplomatico César d'Estrées e fu ricevuto dal neocardinale Noailles. Nel frattempo, dopo la morte di Innocenzo XII e l'elezione al soglio pontificio di Giovanni Francesco Albani, l'atteggiamento della Santa Sede nei confronti suoi e degli altri esuli francesi si era fatto più guardingo e assai meno tollerante. Tourreil confessò a Du Vaucel di non aver mai nutrito grosse aspettative nei riguardi di Clemente XI, le cui posizioni nei confronti della controversia giansenista erano appiattite su quelle oltremodo intransigenti di monsignor Carlo Agostino Fabroni.[22]

Come segretario di Propaganda Fide e qualificatore al Sant'Uffizio, Fabroni si occupò in prima persona di alcune fra le controversie dottrinali più delicate che la Santa Sede fu costretta a dirimere o a giudicare negli anni fra Innocenzo XII e Clemente XI. L'esame dei numerosi carteggi rinvenuti, in particolare quelli con Arnauld e Du Vaucel, gli permise di ricostruire la rete dei giansenisti operanti in Italia e di perseguire i propagandisti ritenuti più pericolosi.[23] Avvertito tempestivamente, Du Vaucel fu tra i più solleciti a lasciare Roma e a far perdere le sue tracce in Francia.[24] Non altrettanto Louis Maille, all'epoca lettore di controversie dogmatiche alla Sapienza, che fu arrestato per ordine del Sant'Uffizio la sera dell'8 luglio del 1710.[25]

Com'era prevedibile, l'esame dei carteggi di Maille mise in luce il ruolo di spicco che Tourreil aveva svolto in seno al partito giansenista fin dal suo arrivo a Roma. Dal momento che egli risiedeva stabilmente nel Granducato di Toscana, per procedere al suo arresto era però necessario ricorrere alla giustizia civile di quello stato. Fabroni affidò l'incarico a uno tra i suoi più fidati collaboratori, il francescano conventuale Giovanni Damasceno Bragaldi, che conosceva bene l'ambiente fiorentino per essere stato confessore e teologo di Cosimo III de' Medici. In Toscana egli poteva inoltre far conto sui suoi legami con l'Inquisitore generale di Siena, il ravennate Giuseppe Maria Baldrati, un francescano proveniente dalla sua stessa diocesi che, nel 1711, era stato delegato dalla Santa Sede a supplire la medesima carica anche nella sede vacante di Firenze.[26]

Normalmente, il compito di verificare la sussistenza o meno delle prove a carico di un inquisito per il quale si richiedeva l'arresto sarebbe spettato al segretario del Dispaccio Ecclesiastico del governo mediceo, il senatore Filippo Buonarroti. Questi, per le pressioni esercitate da ambienti vicini alla Compagnia di Gesù, delegò le sue incombenze all'auditore generale di Siena, che espresse un parere favorevole. L'*iter* procedurale anomalo che portò all'arresto dell'abate Tourreil è riassunto in una lettera dell'intellettuale pisano Bernardo Tanucci al marchese di Salas, José Joaquin Montealegre, che analizza la vicenda a posteriori:

---

21 *Della perfetta poesia italiana spiegata e dimostrata con varie osservazioni da Lodovico Antonio Muratori con le annotazioni critiche di Anton Maria Salvini*, Milano, Società tipografica dei classici italiani, 1721, IV, p. 374.

22 Cfr. Malines, Archives de l'Archevêché, Fonds Jansénisme, dossier Du Vaucel, lettera di P. L. Du Vaucel a P. Quesnel del 6 maggio 1702. Su Carlo Agostino Fabroni cfr. LORENZO CARDELLA, *Memorie storiche*, cit., pp. 101-104; PIETRO MESSINA, *Carlo Agostino Fabroni*, in *Dizionario Biografico degli Italiani*, 44, Roma, Istituto della Enciclopedia Italiana, 1994, pp. 12-17.

23 Il nome e lo pseudonimo di Tourreil figurano in una nota informativa appartenuta al cardinale, denominata *Clavis janseniana*, oggi conservata presso la Biblioteca Fabroniana di Pistoia (Fondo Fabroni 10).

24 Cfr. BRUNO NEVEU, *La correspondance*, cit., pp. 134-136.

25 Su questa vicenda cfr. in particolare LUCIEN CEYSSENS e JOSEPH A. G. TANS, *Author de l'Unigenitus*, «Bibliotheca Ephemeridum Theologicarum Lovaniensium», 76, Lovanio, Leuven University Press, 1987, pp. 482-500: 492-495, e PIETRO STELLA, *Il giansenismo in Italia, I, I preludi tra Seicento e primo Settecento*, Roma, Edizioni di storia e letteratura, 2006, pp. 94-95.

26 Cfr. *Series Inquisitorum Tusciae, quos usquemodo collegit F. F. A. Benoffi Vic. Gen. S. Officii Floren.*, cod 698 della Biblioteca Antoniana di Padova, c. 23r.

Quel ch'io posso affermare stragiudizialmente è che il fu senatore Buonarroti, segretario già del Dispaccio Ecclesiastico di quel governo, il quale mi onorò di una lunga e strettissima confidenza, mi diceva costantemente [...] che il granduca Cosimo fu mosso dalla corte di Roma a far carcerare, ad istanza dell'inquisitor di Firenze, l'abate Torel, perseguitato in Francia per la causa del Vescovo di Pamiers e dimorante in Firenze. Temé la Corte del senator Buonarroti, a suggestione dei Gesuiti persecutori del Torel, e commise l'esame che dal Buonarroti si saria dovuto fare al governator di Firenze, che era il Senator padre di quell'abate, cui Vostra Eccellenza conosce. Consigliò questo che si poteva dare il braccio e si diede.[27]

Ottenuta l'autorizzazione del granduca, il 22 agosto 1711 Tourreil fu dunque arrestato e tradotto nelle prigioni dell'Inquisizione. Da qui, come risulta dall'ordine di incarcerazione firmato il 2 settembre da padre Baldrati, fu scortato a Roma per essere rinchiuso a Castel Sant'Angelo.[28] La notizia della sua incriminazione destò non poca impressione, anche fuori dei confini della Toscana. Persino Lodovico Antonio Muratori, in una lettera all'erudito fiorentino Anton Francesco Marmi del 23 ottobre 1711, se ne mostrò dispiaciuto e amareggiato.[29]

Tutt'altro è invece il tono del resoconto che il gesuita Guillaume Daubenton, assistente generale per la Francia presso la curia generalizia dell'Ordine e confidente del cardinal Fabroni, inviò all'arcivescovo di Cambrai, François Salignac de Fénelon, verso la fine di dicembre:

Le sieur Maille est toujours dans le château Saint-Ange, où il est en danger de passer le reste de ses jours. On n'avoit contre lui que des choses assez vagues: mais on a découvert tout ses mystères d'iniquité dans les papiers interceptés de Tourreil. Celui-ci est de Toulouse, d'une bonne famille de la robe, grand acteur dans le parti, qui joignoit à beaucoup d'esprit une érudition suffisante, et beaucoup de grâce dans ses discours. Il y a huit on dix ans qu'il vivoit à Rome, dans une même maison avec Maille. Nos ambassadeurs l'ayant fait sortir de Rome, il se retire à Florence, où il s'acquit d'abord une grande estime et beaucoup de partisans parmi la noblesse. On reconnut, par les papiers du sieur Maille, qu'il étoit fort engagé dans le parti. Le P. Damascéne [Bragaldi] obtint un ordre du Saint-Office de le faire arrêter, et chargea de ce soin un religieux de son ordre, inquisiteur à Florence [Giuseppe Maria Baldrati]. Ce religieux, après en avoir obtenu la permission de M. le grand-duc [Cosimo III], le fit prendre par les sbires du Saint-Office, et le conduisit lui-même à Rome au château Saint-Ange. On s'est saisi de tous ses papiers, dans lesquels ou a trouvé des choses énormes. Le Pape, le Roi, les cardinaux, tous les prélats déclarés contre le parti y sont déchirés, et les Jésuites plus que personne. Le Pape personnellement y est traité cruellement: on le peint comme le plus grand fripon qui soit au monde. Ils me font aussi la grâce de ne m'y point épargner. Tout le venin de la cabale y est découvert.[30]

Nonostante la sua parzialità, padre Daubenton dimostra di essere ben informato in merito al passato di Tourreil e ai suoi legami con l'aristocrazia fiorentina. Meno plausibile è invece il passaggio riferito alla presunta incontrovertibilità delle prove raccolte attraverso l'esame degli scritti rinvenuti in suo possesso. In realtà, appena ricevuta la notizia del fermo, gli amici fiorentini dell'abate si erano subito recati presso l'abitazione dove risiedeva per raccogliere in tutta fretta i suoi libri e le sue carte. Due giorni dopo, lunedì 24 agosto, Tommaso Buonaventuri rilasciò una deposizione spontanea all'inquisitore fiorentino, spiegando di avere agito così perché riteneva che l'arresto di Tourreil riguardasse degli affari inerenti allo stato e non alla religione.[31] Secondo Buonaventuri, tutti i volumi e le scritture appartenenti all'abate Tourreil erano stati raccolti e consegnati ad uno sconosciuto, poi rivelatosi un domestico del marchese Sigismondo della Stufa. Il verbale dell'interrogatorio termina con un dettagliato elenco dei testi contenuti all'interno del sacchetto, distinti in volumi a stampa (14 pezzi), manoscritti (7), carte sciolte (46) e scritture varie.[32] Per la maggior parte si tratta di opere di argomento giuridico o agiografico: evidentemente, gli amici di Tourreil erano riusciti ad occultare i libri ritenuti più pericolosi o compromettenti.

27 BERNARDO TANUCCI, *Epistolario*, a cura di R. P. Coppini, L. del Bianco, R. Nieri, Roma, Edizioni di storia e letteratura, 1980, I, p. 862.

28 Archivio Arcivescovile di Firenze, Fondo Inquisizione, busta 24, fascicolo 33, c. 268r.

29 *Lettere inedite di Lodovico Antonio Muratori scritte a toscani* [...], Firenze, Le Monnier, 1854, p. 264.

30 *Œuvres complétes de Fénelon Archevêque de Cambrai*, Parigi, Leroux et Jouby, 1851, VIII, p. 42.

31 Archivio Arcivescovile di Firenze, Fondo Inquisizione, busta 47, fascicolo 3 («Per la carcerazione di Giovanni Torel»), c. 407r-v.

32 *Ibid.*, cc. 409r-411r.

Buonaventuri fu chiamato a deporre una seconda volta il 9 settembre 1711,[33] dopodiché fu la volta del nobile della Stufa, interrogato l'11 settembre, che si limitò ad ammettere di conoscere l'abate, dal quale aveva ricevuto alcuni libri a prestito.[34] Tutti i verbali degli interrogatori furono quindi trascritti e inviati a Roma, insieme con i libri e gli originali delle carte rinvenute nell'abitazione fiorentina di Tourreil. Significativamente, rimase invece in possesso dell'Inquisitore di Firenze l'originale di una sua richiesta al Sant'Uffizio romano dell'8 novembre 1702, con la quale gli veniva concessa una particolare licenza per possedere e leggere testi di autori proibiti dall'Indice.[35]

La detenzione di Jean de Tourreil a Castel Sant'Angelo durò quasi quattro anni: dal settembre del 1711 fino al luglio del 1715. Il suo caso fu ripreso in considerazione dalla Sacra Congregazione del Sant'Uffizio il 15 aprile 1715, quando venne discussa l'opportunità di concedergli la grazia.[36] La prima menzione della sua liberazione è invece riportata in un dispaccio inviato a Parigi dal console francese a Roma, Michel-Ange de la Chaisse, il 23 luglio 1715.[37] La stessa notizia fu ripresa pochi giorni dopo in una lettera di Quesnel a Françoise Marguerite de Joncoux, del 19 agosto 1715.[38] Con Tourreil fu rilasciato anche Louis Maille, a cui fu restituito il lettorato di dogmatica e storia ecclesiastica presso la Sapienza.[39] Giovanni Damasceno Bragaldi, che aveva istruito e condotto entrambi i processi, morì qualche settimana più tardi, alla fine di agosto.[40] Grossomodo nello stesso momento, padre Guillame Daubenton lasciò definitivamente l'Urbe per trasferirsi alla corte di Madrid, in qualità di confessore del nipote del Re Sole, Filippo V.

L'abbate Tourreil morì a Roma il 20 dicembre del 1715. Evidentemente provato dal lungo periodo di detenzione, non sopravvisse che poche settimane alla liberazione. Il suo corpo fu inumato presso la Basilica di Santa Maria Sopra Minerva, accanto a quello dell'amico e concittadino Antonin Massoulié, già assistente generale dell'ordine dei domenicani.[41]

Gli ultimi suoi mesi di vita trascorsero senza avvenimenti di rilievo, anche perché la polemica antigiansenista si stava ormai attenuando per lasciare il posto a una fase più distesa, che avrebbe inevitabilmente relegato nell'ombra anche il suo più fiero avversario, il cardinal Fabroni. La memoria del suo caso giudiziario non andò però smarrita, dal momento che a distanza di anni continuò ad essere preso a modello per denunciare le pratiche illecite compiute dall'Inquisizione toscana durante il passato governo mediceo. In altri casi, come quello del già menzionato Bernardo Tanucci, la stessa vicenda è invece utilizzata come una sorta di emblema di quell'antigesuitismo che costituì uno dei tratti peculiari dei più avanzati cenacoli culturali italiani della metà del secolo.[42]

Il testo letterario di RV 690 è prodigo di riferimenti all'*affaire Tourreil* e al particolare contesto in cui maturò. Alcuni richiami sono molto precisi e circostanziati, come quello contenuto nella seconda semistrofa dell'aria iniziale di Eurilla, in cui l'immagine poetica del fabbro («Fabro») che forgia le catene costituisce un esplicito rimando alla figura di Carlo Agostino Fabroni:

> *Eurilla*
> La libertà, cor mio,
> non ti contendo;
> ma sei, credilo a me,
> tu stesso il Fabro a te
> di tua catena.

Subito dopo (vv. 16-17), il testo presenta un riferimento alla Congregazione del Sant'Uffizio («L'attento sguardo | che ben l'esaminò»), della quale il cardinal Fabroni era qualificatore. Queste corrispondenze sembrano avvalorare l'eventualità prospettata da Michael Talbot, secondo cui anche i caratteri femminili della serenata potrebbero occul-

---

[33] *Ibid.*, cc. 411v-415r.

[34] *Ibid.*, cc. 415r-417r.

[35] Archivio Arcivescovile di Firenze, Fondo Inquisizione, busta 24, fascicolo 33, c. 265.

[36] Cfr. Città del Vaticano, Archivio della Congregazione per la Dottrina della Fede, *Decreta Sancti Officii*, anno 1715, c. 147v.

[37] Cfr. Parigi, Archives de la Marine, Fondo Pays étrangers-Commerce-Consulats (B[7] 26), c. 304r.

[38] Cfr. Utrecht, Rijks Archief, Fonds Port-Royal.

[39] Cfr. EMANUELE CONTE, *I maestri della Sapienza di Roma dal 1514 al 1787: i rotuli e altre fonti*, «Fonti per la storia d'Italia», 1, Roma, Istituto Storico Italiano per il Medio Evo, 1991, pp. 507-585, 991 e 1113.

[40] Cfr. LUCIEN CEYSSENS e JOSEPH A. G. TANS, *Author de l'Unigenitus*, cit., p. 497.

[41] Cfr. JOACHIM JOSEPH BERTHIER, *L'église de la Minerve à Rome*, Roma, Cooperativa Tipografica Manuzio, 1910, p. 94.

[42] BERNARDO TANUCCI, *Epistolario*, cit., p. 862.

tare dei personaggi reali.[43] Per converso, il testo non consente di individuare con altrettanta sicurezza l'alter ego di Nice, anche se è probabile che possa trattarsi di padre Guillaume Daubenton. Questo influente prelato, che agì dietro le quinte delle inchieste a carico di Maille e Tourreil, era infatti uno dei confidenti più stretti del cardinale: lo accompagnava durante la sua passeggiata quotidiana, consigliandolo e intrattenendosi a lungo in sua compagnia.[44]

Il recitativo che scandisce il primo incontro fra Eurilla e Alcindo contiene a sua volta un preciso richiamo alla biografia di Tourreil (vv. 65-69), allorché rievoca il suo breve periodo di detenzione presso lo Château Trompette di Bordeaux, avvenuto nel corso delle indagini sull'*affaire Peissonel*:

Eurilla
Alcindo, or che disciolto
dal custode rigor che pria tenea
fermo il tuo piè nella natia capanna,
dimmi, come ti piace
il libero goder di questa vita?

La replica di Alcindo (vv. 70-73) potrebbe essere interpretata come un riferimento alla pubblicazione de *L'innocence opprimée par la calomnie*, della quale Tourreil era ritenuto responsabile, oppure a quella di qualche altro scritto polemico minore, oggi perduto:[45]

Alcindo
Assai mi piace e piacerebbe più,
se non sentissi un rimorso crudele
d'aver con troppa fretta
posti al pubblico sguardo i miei difetti.

I versi successivi (vv. 75-83) entrano invece direttamente nel merito della disputa teologica che nei primi anni del Settecento contrappose i fautori del giansenismo ai vertici dell'episcopato cattolico, richiamando le polemiche sorte in Francia attorno al *Cas de conscience*.[46] Interrogato da Eurilla, Alcindo/ Tourreil confessa di anteporre alle lusinghe dell'innamoramento una forma più discreta e generica di rispetto:

Eurilla
Qual delle nostre ninfe è poi distinta
del sospirato onor de' tuoi riflessi?

Alcindo
Con ossequio devoto
venero in fronte a tutte,
fra quelle trecce d'oro,
quell'eccelsa beltà che splende in loro.

La sua risposta contiene un evidente riferimento alla pratica del «silenzio ossequioso», teorizzata dai dottori sorbonici che avevano espresso un parere favorevole in merito alla possibilità di assolvere un penitente che, pur condannando le cinque proposizioni dell'*Augustinus* di Giansenio, non le riteneva frutto del suo insegnamento (non a caso Alcindo utilizza l'espressione «ossequio devoto», molto comune nella letteratura dell'epoca sul «caso di coscienza»). La controreplica di Eurilla, che respinge l'offerta giudicandola insufficiente, rispecchia invece gli indirizzi espressi nella bolla papale *Vineam Domini*, promulgata il 15 luglio 1705, che ribadiva l'obbligo di aderire senza riserve al formulario di Alessandro VII e condannava come eretici i renitenti:

Eurilla
Venerar no, non basta;
ma adorar ed amar, indi in tributo
offrirle il cuor.

Anche i numeri musicali chiusi, in particolare quelli riservati ad Alcindo, presentano dei riferimenti a fatti e circostanze direttamente riconducibili al processo Tourreil. *Nel suo carcere ristretto* (vv. 107-112), ad esempio, sfrutta l'immagine topica dell'usignolo rinchiuso nell'uccelliera per richiamare la sua incarcerazione a Castel Sant'Angelo, mentre *L'altero bianco giglio* (vv. 193-200) utilizza una metafora floreale per rappresentare lo stemma della città di Firenze (il giglio rosso in campo bianco), dove l'abate risiedeva allorché fu tratto in arresto:

Alcindo
L'altero bianco giglio
non degna la viola
perché selvaggia e sola
superbo di baciar.

Bensì talor si sposa
con la purpurea rosa
perché il vago vermiglio
sol può così formar.

---

43 Cfr. MICHAEL TALBOT, *Vivaldi's Serenatas*, cit., p. 89.
44 ANTOINE DORSANNE, *Journal*, Roma, [s. i.], 1753, I, p. 22.
45 Ringrazio Michael Talbot per avermi suggerito questa interpretazione attraverso una comunicazione privata.
46 Cfr. *Cas de conscience proposé par un confesseur de province touchant un ecclésiastique qui est sous sa conduite, et résolu par plusieurs docteurs de la Faculté de théologie de Paris, 20 juillet 1701*.

Oltre a questi richiami di natura specifica, il testo presenta altrettanto numerose allusioni di carattere più generale. Il termine «libertà», che nella prima parte della serenata ricorre ben sette volte su 142 versi complessivi (quasi il cinque per cento del totale), potrebbe rispecchiare la ben nota riluttanza dei giansenisti a riconoscere l'autorità della Chiesa e, soprattutto, il dogma dell'infallibilità pontificia. Michael Talbot ha inoltre precisato come gli epiteti spregiativi attribuiti ad Alcindo, che viene a più riprese paragonato a una bestia feroce, corrispondano alle immagini tradizionali utilizzate all'epoca per rappresentare gli eretici e come la sua proposta di fingere di amare Eurilla corrisponda a un atteggiamento di fondo dei giansenisti, che erano disposti a riconoscere pubblicamente la supremazia dell'ortodossia cattolica senza però rinunciare a professare il loro credo nel privato.[47]

Il coro finale è infine strettamente legato all'ultimo intervento di Nice da una triplice ricorrenza del termine «rigor», che prima funziona da *trait d'union* fra il breve recitativo (vv. 201-202: «Dove, dimmi, o indiscreto, | apprendesti il rigor che fai tuo fasto?») e la prima semistrofa dell'aria (vv. 206-207: «Di Cocito nell'orrido regno | han ricetto fierezza e rigor.»), poi suggella la sentenza di condanna con cui si conclude la serenata (vv. 243-246):

Coro
Si punisca, si sbrani, s'uccida
il superbo spietato suo cuor.

Delle ninfe nel sen non s'annida
mai pietà con chi vanta rigor.

Anche in questo caso è evidente il richiamo a uno degli attributi fondamentali dei seguaci del giansenismo, cui veniva imputata l'ostentazione di un eccessivo rigore morale, ma che nel caso specifico di Tourreil potrebbe anche costituire un riferimento diretto alla setta dei rigoristi, alla quale egli era collegato in virtù dei suoi legami con Jean-Libert Hennebel e, soprattutto, con la *Congrégation des filles de l'enfance de Nostre Seigneur Jésus-Christ* di Tolosa.

Allo stato attuale delle nostre conoscenze non è invece possibile formulare alcuna ipotesi in merito alla paternità del testo poetico, anche se la competenza evidenziata dall'autore in merito alle più delicate questioni dottrinali dell'epoca e la sua conoscenza circostanziata della biografia di Tourreil inducono a pensare che possa trattarsi di un ecclesiastico. Poiché non ci è pervenuto alcun libretto, l'unica fonte del testo è costituita dalle parole sottoposte alle note nella partitura autografa della serenata.

La partitura, interamente autografa, è notata su una carta da musica veneziana che presenta la caratteristica filigrana con tre mezzelune affiancate. Il formato è in quarto oblungo (delle dimensioni massime di 299 per 229 mm) e ciascuna pagina ha uno schema pretracciato di dieci righi posti fra linee guida verticali. Nel complesso furono usati tre diversi tipi di carta, ciascuno dei quali può essere collegato a una determinata fase di compilazione o di revisione della partitura, il principale dei quali presenta due differenti rastrografie.

La scrittura pulita e l'economia notazionale ottenuta attraverso l'uso di svariate forme abbreviative sono tipiche di una copia realizzata senza particolare fretta o pressione, anche se in concomitanza di alcune modifiche avvenute in una fase successiva – come l'inserimento in partitura dell'aria alternativa di Eurilla *Se all'estivo ardor cocente* – la grafia diviene più corsiva e marcata, avvicinandosi a quella di una minuta di composizione. A volte Vivaldi introduce degli occasionali errori di copiatura (come l'involontario scambio di parti, l'errata collocazione di un'entrata, ecc.), mentre le correzioni compositive vere e proprie sono del tutto assenti. La grafia 'sottile' e la scarsa cura riservata alla disposizione delle parole sotto le note rimandano a una fase relativamente iniziale della sua carriera, dal momento che con gli anni e l'esperienza egli divenne sempre più chiaro e meticoloso nella notazione delle proprie partiture vocali. D'altra parte, l'autografo fa largo uso della chiave di basso allorché le parti dei violini e della viola replicano quella del basso all'ottava superiore o quando realizzano la linea più grave della tessitura, e sappiamo che Vivaldi iniziò ad impiegare con una certa regolarità la notazione «di bassetto» per gli archi acuti soltanto verso la fine della seconda decade del secolo (cfr. ad esempio gli autografi del *Gloria*, RV 589, o dell'oratorio *Juditha triumphans*, del 1716, dove questo espediente è quasi del tutto assente).

Secondo l'uso dell'epoca, la partitura è stata compilata sulla base di una serie di bini consecutivi.[48]

---

[47] MICHAEL TALBOT, *Vivaldi's Serenatas*, cit., pp. 89-90.

[48] Un binio non è altro che un solo grande foglio di carta reale, ripiegato due volte per ottenere un formato in quarto e poi tagliato lungo la piegatura, in modo da ottenere un fascicolo composto da quattro carte (un bifoglio inserito all'interno di un altro bifoglio).

La presenza di eventuali anomalie nella conformazione di un fascicolo è indice di una modifica avvenuta in una fase posteriore, anche se non mancano dei raggruppamenti che utilizzano fin dall'inizio delle carte singole (nn. «4», «8» e «9»). Per facilitare la successiva legatura del manoscritto, ciascun fascicolo è stato enumerato ponendo la rispettiva cifra, da «1» a «10», in corrispondenza del margine superiore destro della sua carta iniziale.

Dopo aver ultimato la partitura nella sua forma iniziale Vivaldi vi apportò una serie di modifiche, avvenute in almeno due fasi distinte. Gli interventi più marcati sono quelli che riguardano i fascicoli «3» e «10», la cui struttura presenta delle evidenti irregolarità. In origine, anche il fascicolo «3» era costituito da un binio regolare. In seguito, al suo interno fu inserito un fascicolo non numerato (corrispondente alle attuali cc. 110-112), contenente un'aria per Eurilla inizialmente non prevista (*No, che non è viltà*). Per effetto dell'aggiunta, forse motivata da una richiesta dell'interprete della parte vocale, Vivaldi dovette anticipare di un paio di versi la conclusione del recitativo antistante, oltre a cancellare le prime sei misure della seconda aria di Alcindo. Stranamente, nel riscriverne *l'incipit,* alla c. 112v, egli omise di indicare il raddoppio dei flauti rispetto alla parte dei violini unisoni, inizialmente previsto. Potrebbe trattarsi di un ripensamento (il frontespizio della serenata non menziona la presenza dei flauti), oppure di una semplice dimenticanza. Poiché il fascicolo aggiunto è stato vergato con la stessa grafia pulita che contraddistingue il resto dell'autografo, utilizzando la medesima tipologia di carta, è probabile che questa modifica sia avvenuta in una fase relativamente iniziale, non molto tempo dopo che Vivaldi aveva completato l'intera partitura.

In un momento ancora successivo egli apportò una seconda modifica alla partitura, inserendovi un altro fascicolo non numerato (corrispondente alle attuali cc. 106-109), con una versione sostitutiva dell'aria di Eurilla precedentemente introdotta (*Se all'estivo ardor cocente*). Dal momento che la nuova aria è scritta con una grafia più spessa e frettolosa, impiegando una diversa tipologia di carta, è molto probabile che l'aggiunta risalga a una fase più avanzata. Quasi certamente, anche questo intervento fu motivato da una richiesta del cantante, forse poco soddisfatto dell'aria precedente. Sicuramente il testo del brano sostitutivo, un'aria di paragone piuttosto generica, è meno appropriato al contesto drammaturgico di quello originario, che riprendeva il concetto di «viltà» introdotto nel terzultimo verso del recitativo antistante. L'edizione presenta la successione delle arie conforme alla versione finale del fascicolo, lasciando liberi gli interpreti di decidere quale delle due utilizzare.

Anche il fascicolo «10» fu sottoposto ad almeno un'importante modifica. Come accade talvolta negli autografi vivaldiani, il fascicolo conclusivo del manoscritto era costituito sin dall'inizio da un accorpamento di carte maggiore del consueto. In una fase successiva Vivaldi inserì all'interno della partitura un fascicolo aggiuntivo privo di numerazione (costituito dalle attuali cc. 141-144), contenente un'aria supplementare destinata ancora una volta a Eurilla (*Vorresti lusingarmi*). Per effetto dell'aggiunta, egli fu costretto a suddividere il recitativo *Almen fingi d'amarmi* in due distinti tronconi, completando il primo spezzone con due endecasillabi inizialmente non previsti (vv. 222-223: «Se potesse il [mio] cuor prestarti fede | pronta n'avresti ancor la gran mercede»). Anche in questo caso la modifica avvenne in una fase piuttosto avanzata, dal momento che furono utilizzate due diverse tipologie di carta.

Nel complesso, tutti questi interventi alterano il piano drammaturgico originario, introducendovi una più marcata gerarchizzazione dei personaggi. Diversamente da quanto accadeva nel melodramma coevo, la ripartizione dei numeri musicali fra gli interpreti di una serenata avveniva su un piano sostanzialmente paritetico. La parte di Eurilla, che acquista due arie supplementari (più una sostitutiva), diviene invece quella musicalmente più rilevante. La sua prima aria suppletiva spezza inoltre l'originaria simmetria nella distribuzione delle forme chiuse fra i personaggi, che prevedeva due numeri musicali contigui, di carattere e affetto contrastante, per Eurilla e Alcindo. La seconda aggiunta è ancora più problematica, poiché ha l'effetto di interrompere il *climax* che dall'aria di sdegno di Nice (*Di Cocito nell'orrido regno*) conduceva direttamente al coro finale (*Si punisca, si sbrani, s'uccida*). L'interposizione dell'aria di bravura intonata da Eurilla, il cui testo costituisce una disincantata divagazione sul tema della fedeltà, fa invece sembrare l'entrata del coro troppo brusca e quasi fuori luogo (anche in considerazione del fatto che un finale luttuoso rappresentava già di per sé qualcosa di anomalo in questo genere di composizioni).

Due brani di RV 690 presentano delle concordanze con i melodrammi che Vivaldi compose a

Mantova nella stagione di carnevale del 1719: *Teuzzone*, RV 736, e *Tito Manlio*, RV 738. Si tratta, rispettivamente, dell'aria di Alcindo *Nel suo carcere ristretto* e dell'aria di Eurilla con corni obbligati *Alla caccia d'un core spietato*. Nell'autografo del *Tito Manlio* quest'ultima è una copia leggermente modificata, quantunque relativamente fedele, della versione attestata in Foà 27. Sulla base della primogenitura dell'aria attestata in RV 690 è pertanto possibile fissare un termine *ante quem* per la datazione della serenata, corrispondente alla *première* del *Tito Manlio*, avvenuta nel gennaio del 1719. Purtroppo il termine *post quem* non può essere stabilito con altrettanta sicurezza, anche se sulla base delle caratteristiche notazionali della partitura può essere ragionevolmente collocato attorno al 1716.

Normalmente l'esecuzione di una serenata avveniva in concomitanza di un avvenimento pubblico di stretta attualità. Nel caso di RV 690, le due occasioni che più di altre sembrerebbero soddisfare questo prerequisito – vale a dire l'arresto di Tourreil e la sua successiva scarcerazione – sono però incompatibili con altri dati in nostro possesso. Lo stato lacunoso della biografia vivaldiana nel 1710-1711 e la dedica della sua Op. III a Ferdinando [III] de' Medici potrebbero suggerire l'eventualità di una presenza del compositore a Firenze nell'estate del 1711, in concomitanza con l'incarcerazione di Tourreil. Tuttavia, le caratteristiche ortografiche e notazionali della partitura autografa escludono a priori una sua datazione attorno a quel periodo. D'altro canto il significato allegorico del testo e la 'sentenza' di condanna esplicitata nel coro finale contraddicono la possibilità che la serenata possa essere stata composta nel 1715, in occasione della liberazione di Tourreil. L'ipotesi più probabile resta pertanto quella secondo cui RV 690 sia stata commissionata a Vivaldi fra il 1716 e il 1718, magari in occasione di un avvenimento soltanto indirettamente riconducibile alle vicende giudiziarie di cui l'abate Tourreil fu protagonista.

Per quanto concerne il luogo che ospitò la prima esecuzione della serenata, si possono prendere in considerazione svariate possibilità. Questa potrebbe essere avvenuta a Firenze, nell'estate del 1718, allorché Vivaldi si trovava in Toscana per la rappresentazione dello *Scanderbeg* (nel qual caso la serenata sarebbe il frutto di un'operazione 'parallela' concepita sul modello del precedente vicentino del 1713, quando il compositore sfruttò la sua presenza in città in oc-

casione delle recite dell'*Ottone in villa* per accettare la commissione dell'oratorio *La vittoria navale*). Non esiste però alcun elemento che faccia pensare a un ritorno di Tourreil nel Granducato dopo il 1715. Nel 1718, inoltre, l'unico personaggio pubblico implicato nel processo a suo carico, l'ex Inquisitore generale di Firenze, Giuseppe Maria Baldrati, non risiedeva più in città da almeno due anni. Sulla base delle concordanze con le partiture del *Teuzzone* e del *Tito Manlio* si potrebbe prospettare l'eventualità di una connessione con la città di Mantova e con la corte cesarea che vi aveva sede. Anche questa ipotesi non è però del tutto soddisfacente, giacché sarebbe stato contrario alle abitudini di Vivaldi presentare gli stessi brani presso il medesimo pubblico, a distanza di tempo così ravvicinata.

Resta una terza possibilità, che consiste nel collocare la prima esecuzione di RV 690 a Roma, in concomitanza o immediatamente a ridosso della morte di Tourreil. La serenata sarebbe stata dunque concepita come una sorta di monito, con l'intento di rappresentare e legittimare le ragioni della sua condanna. In tal caso, il committente ideale dell'opera sarebbe dovuto appartenere al 'partito' dell'Inquisizione, essere stato direttamente coinvolto nell'*affaire Tourreil* e aver avuto dei contatti con Vivaldi proprio attorno a quel periodo. Per quanto ne sappiamo c'è un solo patrono in grado di soddisfare tutti questi prerequisiti: il cardinale veneziano Pietro Ottoboni.[49]

Personalità di spicco dell'Arcadia e ammiratore di Arnauld, del quale apprezzava il trattato sulla *Perpétuité*, egli potrebbe aver conosciuto Tourreil già ai tempi dell'affiliazione di quest'ultimo all'Accademia. Inoltre, fra la prima e la seconda decade del Settecento Ottoboni fu coinvolto a più riprese nelle maggiori controversie teologiche sorte in seguito alla diffusione delle idee gianseniste in seno alla cristianità. Nel 1705 fece parte della «congregazione particolare» istituita dal pontefice per redigere la bolla sul «caso di coscienza», mentre fra il 1712 e il 1713 fu il più giovane porporato ammesso nel collegio cardinalizio incaricato di valutare la versione definitiva dell'*Unigenitus*, il testo di con-

---

[49] Su Ottoboni cfr. LORENZO CARDELLA, *Memorie storiche de' cardinali della Santa Romana Chiesa*, Roma, Pagliari, 1794, VIII, pp. 1-3; sulla storia della sua famiglia cfr. MICHAEL TALBOT e COLIN TIMMS, *Music and the Poetry of Antonio Ottoboni*, in *Händel e gli Scarlatti a Roma. Atti del convegno internazionale di studi (Roma, 12-14 giugno 1985)*, a cura di Nino Pirrotta e Agostino Ziino, Firenze, Olschki, 1987, pp. 367-438.

danna delle *Réflexions morales* di Pasquier Quesnel. Infine, e questo è ancor più rilevante ai fini del nostro studio, in veste di Segretario del Sant'Uffizio seguì tutto l'iter del procedimento inquisitorio a carico dell'abate Tourreil, lavorando a fianco del cardinal Fabroni nelle riunioni della Sacra Congregazione presso il convento dei domenicani di S. Maria sopra Minerva.[50]

Secondo la sua particolare prospettiva di «Protettore degli affari di Francia» presso la Santa Sede, Ottoboni non poteva che assecondare l'avversione del cardinal Fabroni per gli antiregalisti francesi esuli in Italia, soprattutto dal momento in cui la questione giansenista si sovrappose con quella gallicana. D'altro canto, egli perseguiva una politica di mediazione che era completamente aliena alla tetragona pervicacia del suo collega, con il quale entrò spesso in conflitto. Nel 1715, quando i rapporti fra il papa e l'arcivescovo di Parigi Louis Antoine de Nailles si inasprirono a causa delle posizioni intransigenti del Fabroni, che avrebbe preteso una accettazione incondizionata della *Unigenitus* da parte dell'intero clero francese, Ottoboni non esitò a dichiarare che «tre son le persone che hanno ruinati i sperati aggiustamenti di queste vertenze, la principale è il sig. card. Fabroni, che per la rigidezza naturale del suo genio ha inasprito ogni buona inclinazione»,[51] individuando proprio nel prelato toscano il vero antagonista della politica francese a Roma. Se Ottoboni fosse stato il committente della serenata vivaldiana, si spiegherebbe dunque anche una certa 'ambivalenza' del carattere di Eurilla, a cui – ironicamente – vengono attribuiti alcuni dei più pericolosi difetti imputati ai giansenisti: simulazione, ambiguità, doppiezza (non si dimentichi che Eurilla finge soltanto di essere innamorata di Alcindo e che alla fine lo castiga con l'inganno). In effetti, l'ironia sembra essere uno dei motivi conduttori della serenata, tanto che perfino Vivaldi se ne serve, nel titolo, quando ricorre al suo miglior francese per formularne la dedica a un inesistente «Mar[quis] du Toureil».

Resta da sciogliere il nodo più problematico, relativo ai contatti fra Ottoboni e Vivaldi in rapporto agli anni di cui ci stiamo occupando. È noto che nel 1726, in occasione del suo trionfale ritorno a Venezia,

il compositore gli fece dono di una pregevole raccolta manoscritta di composizioni per violino e basso continuo, note come sonate «di Manchester».[52] Tuttavia, i rapporti fra i due risalirebbero ad almeno sei anni prima, vale a dire all'epoca del *Tito Manlio*, RV 778, andato in scena presso il teatro romano della Pace nel gennaio del 1720.

Situato nelle vicinanze dell'omonima via della Pace, sotto la parrocchia di S. Lorenzo in Damaso, il Pace era una delle sale teatrali più antiche di Roma.[53] Di proprietà della famiglia de Cupis, alla fine del diciassettesimo secolo passò al primogenito di Giovan Domenico de Cupis e Francesca Ornani, il marchese Francesco Maria Flavio Ornani *olim* de Cupis.[54] Questi era notoriamente legato ai Barberini e al cardinal Ottoboni, di cui divenne in seguito «maestro di camera». All'inizio del Settecento il teatro cadde in disuso e fu utilizzato prevalentemente come rimessa. Nel 1705 fu preso in affitto dall'Ottoboni e dopo la morte di Francesco Maria Flavio Ornani passò alla sorella Giulia Costanza. La sua gestione restò però appannaggio dell'Ottoboni, che lo utilizzò soprattutto per allestirvi delle recite in prosa. Nel 1717 il cardinale volle restituire la vecchia sala all'originaria sua funzione, affidandone la gestione all'impresario Filippo Albrizi. Tuttavia, le condizioni di avanzato degrado dello stabile resero necessari degli interventi di recupero strutturali, che Ottoboni fece eseguire dal suo architetto di fiducia, Domenico Maria Vellani.

Reso più moderno e funzionale, nel 1720 il rinnovato Teatro della Pace fece conoscere al pubblico

50 Cfr. Città del Vaticano, Archivio della Congregazione per la Dottrina della Fede, *Decreta Sancti Officii*, anni 1711-1715.

51 Cfr. ENRICO BINI, *Giansenismo e antigiansenismo*, cit., p. 90.

52 Sulla storia di questa raccolta cfr. MICHAEL TALBOT, *Le sonate «di Manchester», un ritrovamento vivaldiano*, in *3° Festival Vivaldi. Händel in Italia*, a cura di Giovanni Morelli, Venezia, Comune di Venezia – Teatro La Fenice – Fondazione Giorgio Cini, 1981, pp. 91-95; ID., *Charles Jennens and Antonio Vivaldi*, in *Vivaldi veneziano europeo*, a cura di Francesco Degrada («Quaderni vivaldiani», 1), Firenze, Olschki, 1980, pp. 67-75; ID., *Vivaldi's «Manchester» Sonatas*, «Proceedings of the Royal Musical Association», 104, 1977-1978, pp. 20-29, ristampato rispettando l'impaginazione originale in MICHAEL TALBOT, *Venetian Music in the Age of Vivaldi*, Aldershot, Ashgate, 1999 (nello stesso volume si cfr. anche *Addenda and Corrigenda*, pp. 3-4); ID., *Le 12 sonate «di Manchester». Fonti concordanti* («Vivaldiana», 3), Firenze, S.P.E.S., 2004, pp. 9-55: 12-16 e 49-55.

53 Cfr. MARIA FRANCESCA AGRESTA, *Il Teatro della Pace di Roma*, «Studi Romani», XXXI/2, 1983, pp. 151-160.

54 Cfr. SAVERIO FRANCHI, *Drammaturgia Romana II (1701-1750)*, «Sussidi Eruditi», 45, Roma, Edizioni di storia e letteratura, 1997, pp. LXVI-LXXII.

romano la musica operistica di Antonio Vivaldi, che intonò il terzo atto del *Tito Manlio* andato in scena per l'apertura della stagione di carnevale. La musica del primo e del secondo atto erano rispettivamente del cappellano del cardinale, l'abate Gaetano Boni, e del maestro di cappella di San Giovanni in Laterano, Giovanni Giorgi. L'allestimento scenico era opera del Vellani, virtuoso al servizio di Ottoboni. Il libretto fu stampato per i tipi di Antonio de Rossi senza alcuna lettera dedicatoria, ragion per cui resta incerto il nome dell'impresario. Potrebbe trattarsi di Filippo Albrizi, che aveva curato la realizzazione degli spettacoli messi in scena nei due anni precedenti, oppure della prima stagione gestita da Giuseppe Polvini Faliconti. Ma può anche darsi, e questa è l'ipotesi più probabile, che quell'anno non vi sia stato alcun impresario e che ogni onere artistico e finanziario – compreso l'ingaggio di Vivaldi – fosse a carico del cardinal Ottoboni.[55]

Ovviamente, questa circostanza testimonia soltanto il patrocinio esercitato da Pietro Ottoboni nei confronti di Vivaldi verso la fine della seconda decade del diciottesimo secolo. Non è invece possibile dimostrare l'esistenza di un nesso fra la messinscena del *Tito Manlio* romano e l'esecuzione di RV 690, dal momento che quest'ultima fu composta almeno due anni prima del pasticcio. Tuttavia, fra il 1715 e il 1718 molti autorevoli membri del corpo diplomatico francese giunsero a Roma per perorare gli interessi del loro sovrano in questioni direttamente legate al giansenismo: dall'ambasciatore straordinario di Luigi XIV, Michel Jean Amelot, all'inviato speciale del reggente Philippe d'Orléans, Louis d'Aubusson de la Feuillade. Quale migliore occasione per realizzare uno spettacolo musicale che richiamasse il motivo della loro presenza in città? D'altra parte la scelta di mettere a tema la vicenda di Tourreil era in qualche modo obbligata, dal momento che questi era il più noto esponente del partito giansenista rimasto nell'Urbe dopo che Maille era appena rientrato a Parigi e du Vaucel si era eclissato in patria. E quale miglior patrocinatore avrebbe potuto esservi del titolare del protettorato degli affari di Francia a Roma,

tanto più che come Segretario della Congregazione del Sant'Uffizio egli aveva seguito in prima persona tutte le tappe di quella vicenda?

Da un punto di vista musicale la serenata si fa apprezzare soprattutto per la raffinatezza dell'orchestrazione, che annovera svariati strumenti a fiato: due corni da caccia, due oboi e (almeno inizialmente) due flauti. L'aria di Alcindo *Dell'alma superba* richiede persino un fagotto per raddoppiare all'ottava inferiore la parte dei violini, che anticipa una delle combinazioni timbriche predilette da Haydn (anche se in questo frangente Vivaldi sembra voler perseguire un effetto di ironica pomposità). In altri casi Vivaldi ricorre a delle soluzioni assai più tradizionali, come l'impiego dei corni per rappresentare il concetto della caccia nell'aria di Eurilla *Alla caccia d'un core spietato* e nel coro finale, o quello dei flauti all'unisono coi violini per il canto dell'usignolo nella prima stesura dell'aria di Alcindo *Nel suo carcere ristretto*.

Stranamente, la partitura non comprende una sinfonia introduttiva. È possibile che questa sia stata staccata dal corpo principale del manoscritto per essere riutilizzata altrove, anche se la presenza di un frontespizio e l'esordio con un'aria, piuttosto che con un recitativo, inducono a ritenere che non sia mai esistita alcuna sinfonia.

I recitativi sono generalmente più brevi e armonicamente meno audaci dei loro corrispettivi operistici. D'altra parte il dialogo emotivamente più sobrio e controllato che caratterizza i versi sciolti di una serenata rispetto a quelli del coevo dramma per musica si rifletteva inevitabilmente sullo stile dell'intonazione musicale. Nondimeno, i recitativi di RV 690 evidenziano un'attenzione ai contenuti retorici e affettivi del testo poetico che non si discosta da quella riscontrabile nelle altre serenate vivaldiane a noi note.[56]

Considerato che si tratta di un brano di circostanza, eseguito quasi certamente una sola volta durante la vita del compositore, RV 690 non può dunque che farsi apprezzare per la cura profusa da Vivaldi in ogni singolo aspetto del proprio lavoro e per le sue intrinseche qualità musicali.[57]

---

[55] Cfr. SAVERIO FRANCHI, op. cit., p. 159 (n. 242).

[56] Cfr. MICHAEL TALBOT e PAUL EVERETT, *Homage to a French King: Two Serenatas by Vivaldi (Venice, 1725 and ca. 1726)*, in *Antonio Vivaldi. Due serenate*. Partiture in facsimile («Drammaturgia musicale veneta», 15), Milano, Ricordi, 1995, pp. XLV-XLVII.

[57] Sono grato a Michael Talbot per i suoi utili commenti alle prime stesure di questa *Introduzione*.

INTRODUCTION

The *Serenata a 3*, RV 690, is the least familiar and in certain respects the most enigmatic of the Vivaldi serenatas that have come down to us. The sole surviving source is the autograph manuscript of the score, preserved at the Biblioteca Nazionale Universitaria of Turin (Foà 27, ff. 95–145), the title page of which reads simply:

> Serenata à 3 | 2 Canti, e Tenore | con Istrom[en]ti, Corni dà Caccia, et Oboè | e Fagotto [added subsequently] | Del Vivaldi | Pour Monsieur le Mar[quis] du Toureil | Personaggi Eurilla, Nice, et Alcindo Pastori

On the basis of this meagre information Michael Talbot managed to identify the subject of the work and to suggest a key to the interpretation of its unusual plot, which transports to an allegorical plane the story of the French Jansenist Jean de Tourreil, who was arrested in Italy on the orders of the Holy Office and imprisoned in the Castel Sant'Angelo.[1] The serenata should therefore be regarded as a kind of cautionary tale conceived against the background of the great doctrinal disputes that arose in the wake of the spread of Jansenist ideas during the pontificate of Clement XI and almost certainly created at the behest of circles close to the Holy Office or directly implicated in the *affaire Tourreil*.

Many of the questions surrounding the origin and commissioning of Vivaldi's score nevertheless remain unresolved. When and where was the serenata composed? Which patron hosted it? On what occasion did it receive its premiere? To these and other questions a reply will be attempted in the pages that follow, working forward from the presumption that the literary text of this kind of composition by its very nature operates on more than one level of significance and contains within itself the key to interpreting its hidden message.

At first sight, the serenata relates the story of an unrequited love: advised by her confidante Nice, the nymph Eurilla tries in vain to win the heart of the attractive shepherd Alcindo. He first offers her his veneration, before agreeing to feign love for her, though without giving up his personal freedom. Exasperated by Alcindo's elusive behaviour, Eurilla finally reveals her true intentions and admits to having in her turn made a pretence of love only in order to punish his pride. In the final chorus she accordingly calls on the nymphs and shepherds to accost him and put him to death.

The small number of characters, the Arcadian setting and the simplicity of the plot are all elements typical of the serenata genre. Although unusual, even the tragic ending is not completely foreign to this genre. What is lacking, on the other hand, is a central eulogistic and celebratory function, in the sense that the literary text of RV 690 superimposes its amorous content on an edifying, moralizing vision peculiar to didactic poetry. According to this scheme, Alcindo represents the Jansenist heretic who refuses to submit to ecclesiastical authority, while the two female characters, Eurilla and Nice, stand respectively for Church and Inquisition.[2]

The person at the centre of the story, the *Abbé* Jean de Tourreil from Toulouse, is a fascinating figure who in many respects remains little researched. According to the sparse information on him given in the *Historie générale de l'Eglise de Toulouse* by the *Abbé* Salvan, he was "prieur de Monbazin, et passait pour un homme très versé dans la théologie".[3] Salvan very probably took these few facts from the *Histoire de la ville de Toulouse* by Jean Raynal, which remembers Tourreil for having donated to the "Convent des Dominicans de Toulouse, un fonds pour entretenir

---

[1] See MICHAEL TALBOT, *Vivaldi's Serenatas: Long Cantatas or Short Operas?*, in *Antonio Vivaldi. Teatro musicale, cultura e società*, eds Lorenzo Bianconi and Giovanni Morelli ("Quaderni vivaldiani", 2), Florence, Olschki, 1982, pp. 67–96: 87–91.

[2] *Ibid.*, p. 89.

[3] ADRIEN SALVAN, *Historie Générale de l'Eglise de Toulouse*, Toulouse, Delboy, 1861, IV, p. 410.

deux Professeurs publics, qui enseignassent la Théologie, suivant les principes de Saint Thomas", a branch of study in which he was claimed to be "l'un des plus sçavans Théologiens de son siècle".[4] None of the older biographical works mentions the year of Tourreil's birth, and the authors concerned often disagree on that of his death. According to Raynal, Tourreil died at Rome around 1715 or 1717, whereas Louis Moreri[5] and Louis Gabriel Michaud[6] give, respectively, 1717 and 1719 (the first also provides a probable cause of death: hydropsy of the chest).

The earliest traces of his activity as a propagandist go back to the 1680s, when he became involved in the legal action initiated against Charles Peissonel, the medical doctor from Marseille who was at the centre of a dense network of exchanges of letters and books that arose in the context of the *Crise de la Régale* and of the polemics that followed the suppression of the *Congrégation des filles de l'enfance de Nostre Seigneur Jésus-Christ*. This religious community, founded in Toulouse in 1652, had a life as short as it was troubled. In 1682 an incident that had involved one of its *filles* precipitated a visit of inspection from the archbishop of Toulouse, while two years later some theologians close to Louis XIV cast doubt on the orthodoxy of the doctrines promoted by the founders of the institute, the *Abbé* Gabriel de Ciron and Madame Jeanne Juliard de Mondonville.

Under the cloak of anti-Jansenism the Sun King planned in reality to stoke up a campaign of defamation whose real purpose was to strike at his own adversaries in the *Querelle de la Régal*—a process that culminated, in May 1686, in the promulgation of a royal edict that commanded the definitive suppression of the community. The inglorious end of the *Filles de Toulouse* gave rise, behind the scenes, to a campaign of opposition that resulted in a huge quantity of apologetic writings, both printed and manuscript. In his *Bibliothèque historique de la France*, published in Paris in 1719, Jacques Lelong attributed to Tourreil himself the authorship of the best known of these, *L'innocence opprimée par la calomnie, ou l'histoire de la congregation des Filles de l'Enfance de nostre Seigneur Jesus-Christ* [...], published anonymously in 1687.

In the autumn of the same year the authorities confiscated a parcel containing some copies of the book addressed to Charles Peissonel, which led to an enquiry seeking to discover his network of correspondents, who were accused of conspiracy and *lèse-majesté*.[7] Four years later, in 1691, the Toulouse printer Pierre de la Noue brought out a *Suite de l'innocence opprimée dans les filles de l'enfance,* attributed to Pierre de Porrade, which is filled with information and references concerning the *Abbé* Tourreil's involvement in the *affaire Peissonel*:

On avait appris peu de temps après la détention du Sr. Peissonel que Mrs. de Torreils avoient été arrêtez à leur maison de campagne par un Officier & dix ou douze archers, & menez ainsi a Toulouse: mais comme Messieurs les Capitous avoient fait grande difficulté de les recevoir dans les prisons de la maison de ville, cela n'étant pas porté par les ordres de sa Majesté, comme toute la ville y alla voir ces prisonniers, & qu'on fais oit beaucoup de bruit sur ce que contre les ordres qui ne regard oient que Mr. l'Abbé de Torreil, on avait aussi arrêté un de ses frères qui s'était trouvé avec lui, toutes les personnes de cette ville s'intéressèrent beaucoup pour des gens de cette qualité & de ce mérite. Cela obligea l'Officier à s'en tenir à l'ordre du Roi sans les entreposer, & ne retenant plus que Mr. l'Abbé qui fut conduit au château trompette conformément à ses ordres. L'autre frère fut mis en liberté & Dieu permit que celui contre lequel il n'y avait aucune charge fut le seul arrêté, pouvant après facilement se justifier & se tiret vitement d'affaires, ce qu'il fit quelque temps après avoir été mis à cette Citadelle de Bordeaux. On prit grand soin de cacher à Marseille la généreuse conduite des Magistrats & des Mrs. de Toulouse, de peur sans doute qu'en cette ville sur un tel exemple on n'en devint plus hardi, & qu'on ne resistât à ce qu'on méditait contre l'intérêt de la Communauté & l'utilité du Public. Je ne vous dirai plus grand chose de ce qui regard Mrs. de Torreils dont la vertu & la science ont donné tant de jalousie & leur ont attiré de si puissans adversaires. Vous les connaissez mieux que moi, & pouvez aisément sçavoir tout ce qui s'est passé à leur égard beaucoup mieux que ne pourrois vous apprendre.[8]

---

[4] JEAN RAYNAL, *Histoire de la ville de Toulouse*, Toulouse, Forest, 1759, p. 393.

[5] See LOUIS MORERI, *Supplément au Grand dictionnaire historique ou Le melange curieux de l'histoire sacrée et profane* [...], Paris, Vincent, 1735, II, p. 400.

[6] See *Biographie universelle ancienne et moderne*, Paris, Michaud, 1826, XLVI, p. 385.

[7] See *Abrégé de l'histoire ecclésiastique* [...], Köln, [no publisher], 1767, XIII, pp. 233–239.

[8] [PIERRE DE POURRADE], *Suite de l'innocence opprimée dans les filles de l'enfance* [...], Toulouse, de la Noue, 1691, p. 89.

In a later passage we learn that the main charge levelled at Tourreil was that he was believed to be the true author of *L'innocence opprimée par la calomnie*:

> [...] Mr. L'Intendent Bouchu qui les fit arrêter à Tulette croiant que Mr. Dupi était Mr. de Torreil contre qui on éto[it] animé parce qu'on le croioit l'Autheur du livre de l'Enfance.[9]

The sentence at the end of the trial, cited in a footnote to Porrade's account, was pronounced on 12 February 1689. The *Abbé* Tourreil, together with some fellow citizens of his who had been caught up in the scandal, was condemned to perpetual exile with confiscation of all his property. Like most of the exiles created by the *affaire Peissonel*, Tourreil relocated to Rome, where he could count on the support of Cardinal Girolamo Casanate, and adopted the pseudonym of "Antonio Alberti".[10] According to Gottfried Wilhelm Leibniz, whom he met in 1689 and with whom he maintained a lively correspondence, the choice of this fictitious name represented a kind of homage to Antoine Arnauld, the initials of whose name it reproduces.[11]

In Rome Alberti/Tourreil attended the meetings of the Accademia Fisicomatematica and was admitted to the Arcadian Academy under the pastoral name of "Macrone Iseo".[12] A Greek scholar of distinction, he collaborated in 1694 in the correction of the *Collectanea monumentorum veterum Ecclesiae graecae ac latinae* compiled by another renowned Arcadian, the Prefect of the Vatican Library Alessandro Zaccagni ("Procippo Esculapiano"). Arcadia was similarly his point of contact with the *Abbé* Paolo della Stufa ("Sileno Perrasio"), who at the time was the agent in Rome of Cardinal Francesco Maria de' Medici.[13] A scion of an old and noble Florentine family, della Stufa was in fact a keen admirer of Arnauld, whose *La logique ou l'art de penser* (Paris, 1662) he had translated into Italian.[14] Moreover, he was in very close contact with another of the French exiles resulting from the dispute of the "Régale": the secular priest Louis Maille, who occupied the same dwelling as Tourreil.

In all, Tourreil spent eight years in Rome, during which time his name occurred with a certain frequency in the correspondence of the most diverse persons who had been compromised to a greater or lesser extent by the dispute surrounding Jansenism, among whom were Antoine Arnauld,[15] Jacques-Bénigne Bossuet,[16] Germain Vuillart,[17] Louis-Paul du Vaucel[18] and Pasquier Quesnel.[19] In the first months of 1695 he began to think actively about returning for good to France, interesting in his case the French ambassador in Rome, Cardinal Toussaint de Forbin-Janson, via whom he hoped to gain the advocacy of the confessor to Louis XIV, the Jesuit François de La Chaise. Initially, it seemed that the letters patent authorizing his return would reach him in Rome immediately after Easter, but in reality the situation remained frozen on account of the continuous temporizing by *Père* La Chaise.

Setting aside for the moment his hope of a pardon, at the end of summer 1697 Tourreil travelled to Florence to meet another exile from Toulouse, N. André, who concealed his real identity under the pseudonym of "Don Salvatore". In the capital of the Grand Duchy he managed to win the protection of the *marchese* Sigismondo della Stufa, Paolo's brother and a former *gentiluomo di camera* of Grand Duke Cosimo III.[20] Around the same time he established

---

9   *Ibid.*, pp. 113–114.

10   See *De Toulouse à Rome au temps du jansénisme. Documents inédits sur les Filles de L'Enfance et Mme de Mondonville*, "Revue historique de Toulouse", 23, 1936, pp. 97–136.

11   See Carl Immanuel Gerhardt, *Die philosophischen Schriften von G. W. Leibniz*, Berlin, Weidemann, 1887, VII, p. 457.

12   See Vincenzo Lancetti, *Pseudonimia ovvero tavole alfabetiche de' nomi finti o supposti degli scrittori con la contrapposizione de' veri* [...], Milan, Pirola, 1836, p. 170, and Emil Weller, *Die maskirte Literatur der älteren und neueren Sprachen*, Leipzig, Falke & Rössler, 1856, I. Index Pseudonymorum, p. 91.

13   See Giovan Mario Crescimbeni, *L'Arcadia*, Rome, de Rossi, 1711, p. 330.

14   See *Notizie istoriche degli Arcadi morti*, Rome, de Rossi, 1720–1721, II, p. 269.

15   See *Œuvres de messire Antoine Arnauld* [...], Paris–Lausanne, d'Arnay & Compagnie, 1775–1783.

16   See Jaques Bénigne Bousset, *Correspondance*, eds Ch. Urbain and E. Levesque, Paris, Hachette, 1909–1923.

17   See *Lettres de Germain Vuillart ami de Port-Royal à M. Louis de Préfontaine (1694–1700)*, ed. Ruth Clark, Geneva, Droz, 1951.

18   See Bruno Neveu, *La correspondance romaine de Louis-Paul du Vaucel (1683–1703)*, in *Actes du colloque sur le jansénisme. Rome, 2 et 3 nov. 1973*, Louvain, Nauwelaerts, 1977, pp. 106–185.

19   See Joseph Anna Guillaume Tans and H. Schmitz du Moulin, *La correspondance de Pasquier Quesnel: inventaire et index analytique*, "Bibliothèque de la revue d'histoire ecclésiastique", 78, Bruxelles, Nauwelaerts, 1993.

20   See Ildefonso di San Luigi, *Delizie degli eruditi toscani*, Florence, Cambiagi, 1781, XV, pp. 413–414.

very good relations with the leading lights of the contemporary Florentine intellectual scene, such as the bibliophile Antonio Magliabechi, the secretary of the Accademia Fiorentina and superintendent of the grand-ducal printing works Tommaso Buonaventuri, and especially Anton Maria Salvini, a member of the Accademia della Crusca. To this last person, in particular, he was bound by a natural affinity alimented by a common love of the Greek language— so much so that in his critical annotations for the fourth volume of Lodovico Antonio Muratori's *Della perfetta poesia italiana* Salvini paid him a touching posthumous homage, referring to him as the "giudicioso e dotto ed amorevole Abate Torello".[21]

In autumn 1699 Tourreil briefly revisited France, perhaps in order to make his request for a pardon in person. In Paris he met the Secretary of State for Foreign Affairs, the Marquis de Torcy, from whom he received a letter of recommendation for ambassador Forbin-Janson. Immediately after returning to Italy he had a meeting in Rome with the diplomat César d'Estrées and was received by the newly elected Cardinal Noailles. In the meantime, following the death of Innocent XII and the election to the papal throne of Giovanni Francesco Albani, the attitude of the Holy See towards him and the other French exiles had become warier and much less tolerant. Tourreil confessed to Du Vaucel that he had never held great hopes about Clement XI, whose position on the Jansenist controversy took its cue from the extremely intransigent one held by Monsignor Carlo Agostino Fabroni.[22]

As *segretario di Propaganda Fide* and *qualificatore al Sant'Uffizio*, Fabroni played a leading part in some of the most delicate doctrinal controversies that the Holy See had to settle or arbitrate in the years between Innocent XII and Clement XI. An examination of the copious correspondence that was discovered, in particular that with Arnauld and Du Vaucel, enabled him to reconstruct the network of Jansenists operating in Italy and to pursue the propagandists who were considered most dangerous.[23] Receiving early warning, Du Vaucel was among the first to leave Rome and go to ground in France.[24] Less lucky was Louis Maille, who at the time was a *lettore di controversie dogmatiche* at the university of La Sapienza: he was arrested on orders from the Holy Office in the evening of 8 July 1710.[25]

Predictably, the examination of Maille's correspondence revealed the leading part that Tourreil had played in the Jansenist faction from the moment of his arrival in Rome. In view of the fact that he had permanent residence in the Grand Duchy of Tuscany, application to the civil authorities of that state was needed in order to arrest him. Fabroni assigned this task to one of his most trusted collaborators, the Conventual friar Giovanni Damasceno Bragaldi, who had a good knowledge of the Florentine scene, since he had earlier been confessor and theological adviser to Cosimo III de' Medici. In Tuscany Bragaldi could, moreover, profit from his links to the Inquisitor General of Siena, Giuseppe Maria Baldrati, a Franciscan from Ravenna and hailing from the same diocese, who in 1711 had been entrusted by the Holy See with the same duties in the vacant see of Florence.[26]

Normally, the task of verifying the solidity or not of the evidence relating to an enquiry for which an arrest was sought would have fallen to the *Segretario del Dispaccio Ecclesiastico* of the Medicean government, Senator Filippo Buonarroti. He, however, in response to pressure brought on him by circles close to the Jesuits, delegated these duties to the Auditor General of Siena, who decided in favour of the action. The irregular procedure that led to the arrest of the *Abbé* Tourreil is outlined in a letter sent by the Pisan intellectual Bernardo Tanucci to the

21   *Della perfetta poesia italiana spiegata e dimostrata con varie osservazioni da Lodovico Antonio Muratori con le annotazioni critiche di Anton Maria Salvini*, Milan, Società tipografica dei classici italiani, 1721, IV, p. 374.

22   See Malines, Archives de l'Archevêché, Fonds Jansénisme, dossier Du Vaucel, letter from P. L. Du Vaucel to P. Quesnel of 6 May 1702. On Carlo Agostino Fabroni, see LORENZO CARDELLA, *Memorie storiche*, cit., pp. 101–104; PIETRO MESSINA, *Carlo Agostino Fabroni*, in *Dizionario Biografico degli Italiani*, 44, Rome, Istituto della Enciclopedia Italiana, 1994, pp. 12–17.

23   The name and pseudonym of Tourreil appear in a memorandum in the cardinal's possession, entitled *Clavis janseniana*, preserved today in the Biblioteca Fabroniana of Pistoia (Fondo Fabroni 10).

24   See BRUNO NEVEU, *La correspondance*, cit., pp. 134–136.

25   On this episode, see especially LUCIEN CEYSSENS and JOSEPH A. G. TANS, *Author de l'Unigenitus*, "Bibliotheca Ephemeridum Theologicarum Lovaniensium", 76, Louvain, Leuven University Press, 1987, pp. 482–500: 492–495, and PIETRO STELLA, *Il giansenismo in Italia, I, I preludi tra Seicento e primo Settecento*, Rome, Edizioni di storia e letteratura, 2006, pp. 94–95.

26   See *Series Inquisitorum Tusciae, quos usquemodo collegit F. F. A. Benoffi Vic. Gen. S. Officii Floren.*, cod 698 della Biblioteca Antoniana di Padova, f. 23r.

Marquis of Salas, José Joaquin Montealegre, who analyses the affair retrospectively:

> Quel ch'io posso affermare stragiudizialmente è che il fu senatore Buonarroti, segretario già del Dispaccio Ecclesiastico di quel governo, il quale mi onorò di una lunga e strettissima confidenza, mi diceva costantemente [...] che il granduca Cosimo fu mosso dalla corte di Roma a far carcerare, ad istanza dell'inquisitor di Firenze, l'abate Torel, perseguitato in Francia per la causa del Vescovo di Pamiers e dimorante in Firenze. Temé la Corte del senator Buonarroti, a suggestione dei Gesuiti persecutori del Torel, e commise l'esame che dal Buonarroti si saria dovuto fare al governator di Firenze, che era il Senator padre di quell'abate, cui Vostra Eccellenza conosce. Consigliò questo che si poteva dare il braccio e si diede.[27]

Following authorization by the Grand Duke, Tourreil was arrested on 22 August 1711 and placed in the dungeons of the Inquisition. From there, as we learn from an order for his incarceration signed on 2 September by *Padre* Baldrati, he was taken to Rome to be imprisoned in the Castel Sant'Angelo.[28] News of the charges laid against him raised quite a stir, even outside the borders of Tuscany. No less a person than Lodovico Antonio Muratori, in a letter of 23 October 1711 to the Florentine scholar Anton Francesco Marmi, expressed displeasure and bitterness over it.[29]

Very different, however, was the tone of the report that the Jesuit Guillaume Daubenton, *Assistente generale* for France at the central Curia (*Curia generalizia*) of the Order and a confidant of Cardinal Fabroni, sent to the archbishop of Cambrai, François Salignac de Fénelon, towards the end of December:

> Le sieur Maille est toujours dans le château Saint-Ange, où il est en danger de passer le reste de ses jours. On n'avoit contre lui que des choses assez vagues: mais on a découvert tout ses mystères d'iniquité dans les papiers interceptés de Tourreil. Celuici est de Toulouse, d'une bonne famille de la robe, grand acteur dans le parti, qui joignoit à beaucoup d'esprit une érudition suffisante, et beaucoup de grâce dans ses discours. Il y a huit on dix ans qu'il vivoit à Rome, dans une même maison avec Maille. Nos ambassadeurs l'ayant fait sortir de Rome, il se retira à Florence, où il s'acquit d'abord une grande estime et beaucoup de partisans parmi la noblesse. On reconnut, par les papiers du sieur Maille, qu'il étoit fort engagé dans le parti. Le P. Damascéne [Bragaldi] obtint un ordre du Saint-Office de le faire arrêter, et chargea de ce soin un religieux de son ordre, inquisiteur à Florence [Giuseppe Maria Baldrati]. Ce religieux, après en avoir obtenu la permission de M. le grand-duc [Cosimo III], le fit prendre par les sbires du Saint-Office, et le conduisit lui-même à Rome au château Saint-Ange. On s'est saisi de tous ses papiers, dans lesquels ou a trouvé des choses énormes. Le Pape, le Roi, les cardinaux, tous les prélats déclarés contre le parti y sont déchirés, et les Jésuites plus que personne. Le Pape personnellement y est traité cruellement: on le peint comme le plus grand fripon qui soit au monde. Ils me font aussi la grâce de ne m'y point épargner. Tout le venin de la cabale y est découvert.[30]

Notwithstanding his partisanship, *Padre* Daubenton shows himself to be well informed about Tourreil's past and his links with the Florentine aristocracy. Less plausible, however, is the passage referring to the alleged incontrovertibility of the evidence resulting from the examination of the writings found in his possession. In reality, as soon as they learned the news of his arrest, Tourreil's Florentine friends had gone to his home and taken away in great haste all his books and papers. Two days later, on Monday 24 August, Tommaso Buonaventuri made a voluntary deposition to the Florentine inquisitor, explaining that he had acted thus because he believed that Tourreil's arrest concerned civil, not religious, matters.[31] According to Buonaventuri, all the books and papers belonging to the *Abbé* Tourreil had been gathered up and placed in the custody of an unknown person, who was later revealed to be a domestic servant of the *marchese* Sigismondo della Stufa. The minutes of the interrogation end with a detailed list of the texts contained in the bag, classed as printed volumes (14 pieces), manuscripts (7), loose papers (46) and miscellaneous writings.[32] These were mostly works on legal or hagiographic subjects: evidently,

---

27 BERNARDO TANUCCI, *Epistolario*, eds R. P. Coppini, L. del Bianco and R. Nieri, Rome, Edizioni di storia e letteratura, 1980, I, p. 862.

28 Archivio Arcivescovile di Firenze, Fondo Inquisizione, busta 24, fascicolo 33, f. 268*r*.

29 *Lettere inedite di Lodovico Antonio Muratori scritte a toscani* [...], Florence, Le Monnier, 1854, p. 264.

30 *Œuvres complétes de Fénelon Archevêque de Cambrai*, Paris, Leroux et Jouby, 1851, VIII, p. 42.

31 Archivio Arcivescovile di Firenze, Fondo Inquisizione, busta 47, fascicolo 3 ("Per la carcerazione di Giovanni Torel"), f. 407*r–v*.

32 *Ibid.*, ff. 409*r*–411*r*.

Tourreil's friends had managed to extract the books considered most dangerous or compromising.

Buonaventuri was summoned to give evidence for a second time on 9 September 1711,[33] after which it was the turn of the noble della Stufa, interrogated on 11 September, who admitted only to knowing the *abbé*, from whom he had borrowed certain books.[34] All the minutes of the interrogators were then transcribed and sent to Rome, together with the books and the originals of the papers found in Tourreil's Florentine habitation. Significantly, the Inquisitor of Florence retained possession of the original of a request of 8 November 1702 made by Tourreil to the Holy Office, following which he was granted a special licence to possess and read texts by authors placed on the Index.[35]

Jean de Tourreil's detention in the Castel Sant'Angelo lasted almost four years: from September 1711 to July 1715. His case was re-examined by the *Sacra Congregazione del Sant'Uffizio* on 15 April 1715, when the possibility of a pardon was discussed.[36] The first mention of his release occurs, however, in a dispatch sent to Paris by the French consul in Rome, Michel-Ange de la Chaisse, on 23 July 1715.[37] The same news was repeated a few days later, on 19 August, in a letter from Quesnel to Françoise Marguerite de Joncoux.[38] Tourreil's release was accompanied by that of Louis Maille, to whom the post of *Lettore di dogmatica e storia ecclesiastica* at La Sapienza was restored.[39] Giovanni Damasceno Bragaldi, who had planned and presided over both trials, died a few weeks later, at the end of August.[40] Almost simultaneously, *Padre* Guillame Daubenton left Rome for good and joined the court of Madrid as confessor to the grandson of the Sun King, Philip V.

The *Abbé* Tourreil died in Rome on 20 December 1715. Evidently feeling the effect of his long period of detention, he survived his release from prison by only a few weeks. He was buried in the Basilica of Santa Maria Sopra Minerva next to his friend and confidant Antonin Massoulié, a former Assistant-General of the Dominican Order.[41]

Tourreil's last months of life passed uneventfully—for one thing, because the antiJansenist campaign had died down and given way to a more relaxed period that would inevitably have brought about a reduced role for his fiercest adversary, Cardinal Fabroni. The memory of his judicial case did not, however, fade, for it continued for many years to be cited in denunciations of the illegal practices that the Tuscan Inquisition had adopted under the previous rule of the Medici. In other cases, as in that of the already mentioned Bernardo Tanucci, the same episode was used instead as a sort of rallying cry for the anti-Jesuit sentiment that formed one of the defining features of the most progressive Italian cultural circles around the middle of the century.[42]

The literary text of RV 690 is full of references to the *affaire Tourreil* and to the particular circumstances in which it arose. Certain allusions are very precise and detailed, as in the second semistrophe of Eurilla's first aria, where the poetic image of a smith ("Fabro") forging a chain constitutes an explicit reference to the person of Carlo Agostino Fabroni:

Eurilla
La libertà, cor mio,
non ti contendo;
ma sei, credilo a me,
tu stesso il Fabro a te
di tua catena.

Immediately afterwards (ll. 16–17), the text contains a reference to the Congregazione del Sant'Uffizio ("L'attento sguardo | che ben l'esaminò"), of which Cardinal Fabroni was the *qualificatore*. These correspondences appear to validate the possibility raised by Michael Talbot that also the female characters might stand for real persons.[43] However, the text does not allow us to identify with equal confi-

33 *Ibid.*, ff. 411*v*–415*r*.

34 *Ibid.*, ff. 415*r*–417*r*.

35 Archivio Arcivescovile di Firenze, Fondo Inquisizione, busta 24, fascicolo 33, f. 265.

36 See Città del Vaticano, Archivio della Congregazione per la Dottrina della Fede, *Decreta Sancti Officii*, anno 1715, f. 147*v*.

37 See Paris, Archives de la Marine, Pays étrangers-Commerce-Consulats (B⁷ 26), f. 304*r*.

38 See Utrecht, Rijks Archief, Archive Port-Royal.

39 See EMANUELE CONTE, *I maestri della Sapienza di Roma dal 1514 al 1787: i rotuli e altre fonti,* "Fonti per la storia d'Italia", 1, Rome, Istituto Storico Italiano per il Medio Evo, 1991, pp. 507–585, 991 and 1113.

40 See LUCIEN CEYSSENS and JOSEPH A. G. TANS, *Author de l'Unigenitus,* cit., p. 497.

41 See JOACHIM JOSEPH BERTHIER, *L'église de la Minerve à Rome*, Rome, Cooperativa Tipografica Manuzio, 1910, p. 94.

42 BERNARDO TANUCCI, *Epistolario*, cit., p. 862.

43 See MICHAEL TALBOT, *Vivaldi's Serenatas*, cit., p. 89.

dence the *alter ego* of Nice, even though it seems probable that she represents *Padre* Guillaume Daubenton. This influential prelate, who worked behind the scenes during the inquiries into Maille and Tourreil, was indeed one of the cardinal's closest confidants: Daubenton accompanied Fabroni during his daily walk, giving him advice and spending long periods in his company.[44]

The recitative that marks the first encounter between Eurilla and Alcindo contains, in its turn, a precise reference to the biography of Tourreil (ll. 65–69), when it recalls his brief period of detention at the Château Trompette of Bordeaux during the inquiries connected with the *affaire Peissonel*:

Eurilla
Alcindo, or che disciolto
dal custode rigor che pria tenea
fermo il tuo piè nella natia capanna,
dimmi, come ti piace
il libero goder di questa vita?

Alcindo's reply (ll. 70–73) can therefore probably be interpreted as a reference to the publication of *L'innocence opprimée par la calomnie*, of which Tourreil was the reputed author, or to some other, minor polemical text, today lost:[45]

Alcindo
Assai mi piace e piacerebbe più,
se non sentissi un rimorso crudele
d'aver con troppa fretta
posti al pubblico sguardo i miei difetti.

The ensuing lines (ll. 75–83), however, enter directly into the substance of the theological dispute that in the early years of the seventeenth century counterposed the partisans of Jansenism to the leaders of the Catholic episcopate, recalling the polemics that arose in France in connection with the *Cas de conscience*.[46] Under interrogation by Eurilla, Alcindo/Tourreil confesses that he prefers to the blandishments of falling in love a milder, more generic form of respect:

Eurilla
Qual delle nostre ninfe è poi distinta
del sospirato onor de' tuoi riflessi?

Alcindo
Con ossequio devoto
venero in fronte a tutte,
fra quelle trecce d'oro,
quell'eccelsa beltà che splende in loro.

His reply contains a clear reference to the practice of "worshipful silence", advocated by the doctors of the Sorbonne, who had expressed a favourable opinion on the possibility of absolving a penitent who, while condemning the five propositions of Jansen's *Augustinus*, did not consider them a product of his teaching (not by chance does Alcindo employ the expression "ossequio devoto", which is very common in the literature of the period concerning the *Cas de conscience*). Eurilla's riposte rejecting the offer, which it deems insufficient, recalls for its part the line laid down in the papal bull *Vineam Domini*, promulgated on 15 July 1705, which restated the obligation to adhere without reservation to the formulary of Alexander VII and condemned recalcitrants as heretics:

Eurilla
Venerar no, non basta;
ma adorar ed amar, indi in tributo
offrirle il cuor.

Even the closed musical numbers, in particular those of Alcindo, contain references to facts and circumstances directly linked to the trial of Tourreil. *Nel suo carcere ristretto* (ll. 107–112), for instance, uses the topical image of a bird trapped in a cage to commemorate his imprisonment in the Castel Sant'Angelo, while *L'altero bianco giglio* (ll. 193–200) employs a flower metaphor to allude to the coat of arms of the city of Florence (a red lily on a white field), where Tourreil was resident at the time of his arrest:

Alcindo
L'altero bianco giglio
non degna la viola
perché selvaggia e sola
superbo di baciar.

Bensì talor si sposa con
la purpurea rosa
perché il vago vermiglio
sol può così formar.

---

[44] ANTOINE DORSANNE, *Journal*, Rome, [no publisher], 1753, I, p. 22.

[45] I thank Michael Talbot for suggesting this interpretation to me in a private communication.

[46] See *Cas de conscience proposé par un confesseur de province touchant un ecclésiastique qui est sous sa conduite, et résolu par plusieurs docteurs de la Faculté de théologie de Paris, 20 juillet 1701*.

Besides these references of a specific kind, the text contains equally numerous allusions of a more general nature. The term "libertà", which in the first part of the serenata occurs as many as seven times in a total of 142 lines (thus in almost five per cent of them), perhaps reflects the well-known reluctance of the Jansenists to recognize the authority of the Church and, especially, the dogma of papal infallibility. Michael Talbot has in addition noted how the disparaging epithets applied to Alcindo, who on several occasions is likened to a wild beast, correspond to traditional images used at the time to describe heretics, and how his proposal to pretend to love Eurilla corresponds to a characteristic stance of the Jansenists, who were willing to profess publicly the supremacy of Catholic orthodoxy without giving up their private beliefs.[47]

Finally, the concluding chorus is closely connected to the last statement of Nice by a threefold recurrence of the term "rigor", which has earlier functioned as a linking idea between a brief recitative (ll. 201–202: "Dove, dimmi, o indiscreto, | apprendesti il rigor che fai tuo fasto?") and the first semistrophe of the ensuing aria (ll. 206–207: "Di Cocito nell'orrido regno | han ricetto fierezza e rigor."), thereby setting a seal on the condemnatory sentence with which the serenata ends (ll. 243–246):

Coro
Si punisca, si sbrani, s'uccida
il superbo spietato suo cuor.

Delle ninfe nel sen non s'annida
mai pietà con chi vanta rigor.

Here, too, there is a clear reference to one of the fundamental attributes of the followers of Jansen, who were accused of flaunting an excessive moral rigour (but in the specific case of Tourreil this might equally be a direct allusion to the sect of Rigorists, to which he was linked via his closeness to Jean-Libert Hennebel).

In our present state of knowledge, it is not possible to offer any suggestions concerning the authorship of the poetic text, even though the expertise displayed by the author with regard to the most delicate doctrinal questions of the period and his detailed knowledge of Tourreil's biography lead one to imagine that he was a churchman. Since no libretto has come down to us, the only source for the literary text is found in the words underlaid to the notes in the autograph score of the serenata.

The score, wholly autograph, is notated on Venetian music paper displaying the characteristic watermark of three adjacent crescent moons. The format is oblong quarto (measuring a maximum of 299 by 229 mm), and each page contains a pre-ruled pattern of ten staves placed within vertical guidelines. In all, three different paper-types were used; each of these is associated with a different stage of compilation or revision of the score, and the main type exhibits two different rastrographies.

The neat handwriting and the notational economy achieved by the use of various forms of abbreviation are typical of a copy prepared without especial haste or pressure, even though in connection with some modifications made at a later stage—such as the insertion into the score of the alternative aria for Eurilla *Se all'estivo ardor cocente*—the handwriting becomes more cursive and assertive, thereby coming closer to that of a composition draft. At times, Vivaldi falls victim to copying errors (such as the accidental exchange of parts or the incorrect placing of an entry), but actual compositional corrections are wholly absent. The 'spidery' handwriting and the scant care taken over the placement of the words beneath the notes point to a relatively early period in his career, since as time went on he became increasingly clear and meticulous in the notation of his vocal works. On the other hand, the score makes copious use of the bass clef at points where the violin and viola parts double the bass part at the upper octave or where they supply the lowest line of the texture, and we know that Vivaldi began to use such "bassetto" notation for the high strings with some regularity only towards the end of the second decade of the century (see, for example, the autograph manuscripts of the *Gloria*, RV 589 and of the oratorio *Juditha triumphans* (1716), where this expedient is almost completely absent).

Following the practice of the time, the score has been assembled as a series of consecutive binios.[48] The presence of an anomaly in the structure of a gathering is a possible sign that a change has occurred at a later stage, even if, in this instance, there is no

---

[47] MICHAEL TALBOT, *Vivaldi's Serenatas*, cit., pp. 89–90.

[48] A binio is simply a single large sheet of royal paper folded twice to produce a quarto format and then cut along the fold so as to yield a gathering comprising four folios (a bifolio enclosed within another bifolio).

lack of gatherings that from the very start employed single folios (nos. "4", "8" and "9"). To facilitate the subsequent binding of the manuscript, each gathering has been numbered, from "1" a "10", in the top right-hand corner of its first page.

Having finished the score in its initial form, Vivaldi then introduced a series of changes on at least two separate occasions. The most salient changes are those made to gatherings "3" and "10", whose structure exhibits evident irregularities. Originally, gathering "3", similarly, formed a regular binio. Subsequently, an unnumbered gathering (corresponding to the present ff. 110–112) was placcd inside it; this contains an aria for Eurilla (*No, che non è viltà*) that had not originally been planned. As a result of this addition, perhaps made at the singer's behest, Vivaldi had to end the preceding recitative two lines of text earlier, besides deleting the first six bars of Alcindo's second aria. Oddly enough, when he rewrote them, on f. 112*v*, he omitted to indicate the doubling by recorders of the unison violin part, as had originally been specified. Perhaps he had second thoughts (the serenata's title page makes no mention of the recorders), or perhaps he simply forgot. Since the added gathering has been written out in the same calligraphic handwriting that characterizes the rest of the autograph manuscript and employs the same paper type, it would appear that this change was made relatively early on—not long after Vivaldi reached the end of the score.

Later still, he made a second change to the score, inserting a second unnumbered gathering (corresponding to the present ff. 106–109) that contained an aria to replace the one created earlier for Eurilla (*Se all'estivo ardor cocente*). From the fact that the new aria is drafted in a thicker, more hasty handwriting and uses a different paper type one infers that the addition occurred at a later stage. Almost certainly, this change, too, was prompted by a request from a singer, who was perhaps dissatisfied with the previous aria. Certainly, the text of the replacement aria, a comparison aria of a rather generic nature, is less appropriate to the dramatic context than the original one, which returns to the concept of "viltà" introduced in the third line from the end of the preceding recitative. The edition presents the arias in succession as in the final version of the gathering, shown in leaving performers free to choose between them.

Gathering "10" likewise underwent at least one important change. As sometimes occurs in Vivaldi's autograph manuscripts, the last gathering of the manuscript from the start contained more folios than usual. Subsequently, Vivaldi placed an unnumbered extra gathering (corresponding to the present ff. 141–144), inside the score; this contains an extra aria once more intended for Eurilla (*Vorresti lusingarmi*). As a result of this addition, he was forced to divide the recitative *Almen fingi d'amarmi* into two separate portions, ending the first untidily with two hendecasyllables not originally envisaged (ll. 222–223: "Se potesse il [mio] cuor prestarti fede | pronta n'avresti ancor la gran mercede"). In this case, similarly, the change must have occurred at a rather late stage, since two different paper types were used.

Taken as a whole, these changes have the effect of altering the original dramaturgical plan by introducing a more marked hierarchy among the characters. Unlike the practice in the contemporary opera, the distribution of musical numbers among the singers of a serenata is customarily rather equal. The role of Eurilla, which acquires two extra arias (plus a substitute aria), thus becomes more significant musically. Moreover, its first supplementary aria disrupts the original symmetry in the assignment of closed numbers to the characters, which envisaged two adjacent musical numbers, of contrasting character and *affetto*, for Eurilla and Alcindo. The second addition is still more problematic, since it has the effect of interrupting the climax that led straight from Nice's *aria di sdegno Di Cocito nell'orrido regno* to the final chorus *Si punisca, si sbrani, s'uccida*. The intercalation of Eurilla's *aria di bravura*, the text of which is a worldy-wise digression on the subject of fidelity, has the contrary effect of making the entry of the chorus appear too brusque and almost out of place (bearing in mind also that an unhappy final movement was already in itself something of an anomaly in this species of composition).

Two movements of RV 690 have concordances among the operas that Vivaldi composed at Mantua in the carnival season of 1719: *Teuzzone*, RV 736, and *Tito Manlio*, RV 738. These are, respectively, Alcindo's aria *Nel suo carcere ristretto* and Eurilla's aria with obbligato horns *Alla caccia d'un core spietato*. In the autograph manuscript of *Tito Manlio* the latter is a slightly altered, but in most respects relatively faithful, copy of the version transmitted in Foà 27. On the basis of the earlier composition of the aria contained in RV 690 it is possible to establish a *ter-*

minus ante quem for the date of the serenata, which is the date of the premiere of *Tito Manlio*, during January 1719. Unfortunately, a *terminus post quem* cannot be established with equal certainty, even if, on the basis of the notational features of the score, it would be reasonable to place it around 1716.

Normally, the performance of a serenata took place during a public event of great topicality. In the case of RV 690, the two occasions that seem to satisfy this requirement most completely—Tourreil's arrest and his subsequent release—prove incompatible with other data in our possession. The lack of biographical information on Vivaldi for the years 1710-1711 and the dedication of his Op. 3 to Ferdinando [III] de' Medici might suggest the possibility that the composer visited Florence in the summer of 1711, around the time of Tourreil's imprisonment. However, the graphical and notational features of the autograph score rule out *a priori* any dating around this time. On the other hand, the allegorical significance of the text and the 'sentence' of condemnation passed in the final chorus negate the possibility that the serenata was composed in 1715 to mark Tourreil's release. So the most likely hypothesis is that RV 690 was commissioned from Vivaldi between 1716 and 1718, perhaps on the occasion of an event connected only indirectly to the judicial events of which the *Abbé* Tourreil found himself the protagonist.

Regarding the place where the first performance of the serenata took place, many possibilities need to be considered. The performance could have occurred in Florence in the summer of 1718, when Vivaldi visited Tuscany for the staging of his *Scanderbeg* (in which case the serenata would be the product of a 'parallel' operation similar to that of 1713, when the composer utilized his presence in Vicenza in connection with the performance of *Ottone in villa* to accept a commission for the oratorio *La vittoria navale*). But there is no evidence pointing to a return by Tourreil to the grand duchy after 1715. In 1718, moreover, the only public person implicated in the case brought against him, the former Inquisitor General of Florence, Giuseppe Maria Baldrati, had not been resident in the city for at least two years. On the basis of the concordances with the scores of *Teuzzone* and *Tito Manlio* one might explore the possibility of a connection with the city of Mantua and the imperial court that had its seat there. But this hypothesis, too, is not completely satisfactory, since it would have been contrary to Vivaldi's habits

to present the same pieces twice to the same public within such a short space of time.

There remains a third possibility: that the first performance of RV 690 occurred in Rome around or immediately after Tourreil's death. The serenata would in these circumstances have been conceived as a kind of admonition aiming to present and legitimize the reasons for his condemnation. In such a case, the ideal patron for the work would be someone who belonged to the 'party' of the Inquisition, who had been directly involved in the *affaire Tourreil* and who had contact with Vivaldi precisely around this time. To the best of our knowledge, only one patron meets all these criteria: the Venetian cardinal Pietro Ottoboni.[49]

A prominent member of the Roman Arcadia and an admirer of Arnauld, whose treatise on *Perpétuité* he valued, Ottoboni might have known Tourreil already at the time when the latter was admitted to the Academy. Moreover, in the first and second decades of the eighteenth century Ottoboni repeatedly became involved in the major theological controversies that arose in the wake of the dissemination of Jansenist ideas within the Christian community. In 1705 he was a member of the *congregazione particolare* set up by the pope in order to draft the bull on the *Cas de conscience*, while between 1712 and 1713 he was the youngest of the cardinals admitted to the college of cardinals charged with evaluating the definitive version of the *Unigenitus*, the document condemning the *Réflexions morales* of Pasquier Quesnel. Finally—and this is even more relevant to the purposes of our study—as *Segretario del Sant'Uffizio* Ottoboni was present during the entire inquisitorial process concerning the *Abbé* Tourreil, working alongside Cardinal Fabroni at meetings of the *Sacra Congregazione* at the Dominican monastery of S. Maria sopra Minerva.[50]

By virtue of his position as Protector of the Affairs of France at the Holy See, Ottoboni could not fail

---

49   On Ottoboni, see LORENZO CARDELLA, *Memorie storiche de' cardinali della Santa Romana Chiesa*, Rome, Pagliari, 1794, VIII, pp. 1–3; on the story of his family, see MICHAEL TALBOT and COLIN TIMMS, *Music and the Poetry of Antonio Ottoboni*, in *Händel e gli Scarlatti a Roma. Atti del convegno internazionale di studi (Roma, 12–14 giugno 1985)*, eds Nino Pirrotta and Agostino Ziino, Florence, Olschki, 1987, pp. 367–438.

50   See Città del Vaticano, Archivio della Congregazione per la Dottrina della Fede, *Decreta Sancti Officii*, years 1711–1715.

to echo the dislike of Cardinal Fabroni for the French anti-royalists in exile in Italy, especially since the Jansenist question was intertwined with that of the Gallican rite. On the other hand, he pursued a policy of medi ation that was completely alien to the stubborn obstinacy of his colleague, with whom he often came into conflict. In 1715, when relations between the pope and the archbishop of Paris Louis Antoine de Nailles soured on account of the intransigence of Fabroni, who had demanded unconditional acceptance of *Unigenitus* by the whole of the French clergy, Ottoboni did not hesitate to declare "tre son le persone che hanno ruinati i sperati aggiustamenti di queste vertenze, la principale è il sig. card. Fabroni, che per la rigidezza naturale del suo genio ha inasprito ogni buona inclinazione",[51] thereby singling out the Tuscan prelate as the real enemy of French policy in Rome. If Ottoboni really was the person who commissioned Vivaldi's serenata, this would perhaps also explain a certain 'ambivalence' in the personality of Eurilla, to whom—ironically—are assigned some of the most dangerous defects imputed to the Jansenists: dissimulation, ambiguity and double-dealing (one should not forget that Eurilla only feigns to be in love with Alcindo and at the end punishes him via a deceit). Indeed, irony seems to be one of the driving forces of the serenata—so much so that Vivaldi himself practises it, in the title, when he calls on his best French to make the dedication to a non-existent "Mar[quis] du Toureil".

It remains to address the knottiest problem, which concerns the contact between Ottoboni and Vivaldi during the years under consideration. It is known that in 1726, on the occasion of the cardinal's triumphal return to Venice, the composer presented him with a magnificent manuscript volume of works for violin and continuo, known as the "Manchester" Sonatas.[52] However, the relationship between the two men goes back at to least six years earlier, to the time of *Tito Manlio*, RV 778, which was staged at the Teatro della Pace, Rome, in January 1720.

Situated close to the similarly named Via della Pace, in the parish of S. Lorenzo in Damaso, the Teatro della Pace was one of Rome's oldest standing theatres.[53] Belonging first to the de Cupis family, it passed at the end of the seventeenth century to the first-born son of Giovan Domenico de Cupis and Francesca Ornani: the *marchese* Francesco Maria Flavio Ornani *olim* de Cupis.[54] This man was famously linked to the Barberini family and to Cardinal Ottoboni, whose *maestro di camera* he subsequently became. At the beginning of the seventeenth century the theatre fell into disuse and was used mostly as a depot. In 1705 it was rented by Ottoboni, and after the death of Francesco Maria Flavio Ornani passed to his sister Giulia Costanza. Its management remained, however, in the hands of Ottoboni, who used it especially for the production of stage plays. In 1717 the cardinal took the decision to restore the old hall to its original use, entrusting its management to the impresario Filippo Albrizi. Nevertheless, the advanced deterioration of the building made it necessary to undertake structural repairs, which Ottoboni had carried out by his trusted architect, Domenico Maria Vellani.

Made more modern and functional, the renovated Teatro della Pace in 1720 introduced the Roman public to the operatic music of Antonio Vivaldi, who set the third act of *Tito Manlio*, with which the carnival season opened. The music of the first and second acts was composed, respectively, by the Cardinal's chaplain, the *Abbé* Gaetano Boni, and the *maestro di cappella* of San Giovanni in Laterano, Giovanni Giorgi. The stage sets were by Vellani, a *virtuoso* in Ottoboni's service. The libretto was printed by Antonio de Rossi without any dedicatory letter, for which reason the name of the impresario remains uncertain. Perhaps he was Filippo Albrizi, who had been in charge of the productions staged in the two preceding years, or perhaps he was Giuseppe Polvini Faliconti, acting in his first season. But it could also

51   See ENRICO BINI, *Giansenismo e antigiansenismo*, cit., p. 90.

52   On the history of this collection, see MICHAEL TALBOT, *Le sonate "di Manchester", un ritrovamento vivaldiano*, in *3° Festival Vivaldi. Händel in Italia*, ed. Giovanni Morelli, Venice, Comune di Venezia – Teatro La Fenice – Fondazione Giorgio Cini, 1981, pp. 91–95; ID., *Charles Jennens and Antonio Vivaldi*, in *Vivaldi veneziano europeo*, ed. Francesco Degrada ("Quaderni vivaldiani", 1), Florence, Olschki, 1980, pp. 67–75; ID., *Vivaldi's "Manchester" Sonatas*, "Proceedings of the Royal Musical Association", 104, 1977–1978, pp. 20–29, reprinted with original pagination in MICHAEL TALBOT, *Venetian Music in the Age of Vivaldi*, Aldershot, Ashgate, 1999 (see also, in the same volume, the *Addenda and Corrigenda* on pp. 3–4); ID., *Le 12 sonate*

"di Manchester". *Fonti concordanti* ("Vivaldiana", 3), Florence, S.P.E.S., 2004, pp. 9–55: 12–16 and 49–55.

53   See MARIA FRANCESCA AGRESTA, *Il Teatro della Pace di Roma*, "Studi Romani", XXXI/2, 1983, pp. 151–160.

54   See SAVERIO FRANCHI, *Drammaturgia Romana II (1701–1750)*, "Sussidi Eruditi", 45, Rome, Edizioni di storia e letteratura, 1997, pp. LXVI–LXXII.

be—and this is the most likely hypothesis—that in that year there was no impresario, and all artistic and financial decisions, including the engagement of Vivaldi, rested with Cardinal Ottoboni.[55]

Obviously, this situation would confirm only the patronage afforded by Pietro Ottoboni to Vivaldi towards the end of the second decade of the eighteenth century. It is not possible to show any connection between the production of the Roman *Tito Manlio* and the performance of RV 690, since the latter must have been composed at least two years before the pasticcio. However, between 1715 and 1718 many important members of the French diplomatic corps travelled to Rome in order to advance the interests of their sovereign in relation to the issues connected with Jansenism: from the ambassador extraordinary of Louis XIV, Michel Jean Amelot, to the special envoy of the regent Philippe d'Orléans, Louis d'Aubusson de la Feuillade. What better opportunity could there be for putting on a musical event that referred to the reason for their presence in the city? Moreover, the choice of the story of Tourreil as a subject was in a certain sense inevitable, given that he was the foremost representative of the Jansenist party left in Rome after Maille returned to Paris and Du Vaucel hid himself away in his native country. And what better patron could there be than the official protector of French interests in Rome, especially since as *Segretario della Congregazione del Sant'Uffizio* he had been personally present at all the stages of this story?

From a musical point of view, the serenata is notable especially for the refinement of its instrumentation, which includes various wind instruments: two hunting horns, two oboes and (at least, initially) two recorders. Alcindo's aria *Dell'alma superba* even requires a bassoon that doubles the violins at the lower octave—thereby anticipating a mode of scoring dear to Haydn (even though in the given context Vivaldi seems to be seeking an effect of ironic pomposity). In other instances, Vivaldi has recourse to much more traditional solutions, as when he uses horns to conjure up a hunt in Eurilla's aria *Alla caccia d'un core spietato* and also in the final chorus, or when recorders in unison with the violins evoke the song of a nightingale in the first version of Alcindo's aria *Nel suo carcere ristretto*.

Strangely enough, the score contains no introductory sinfonia. It is possible that one was removed from the main body of the score for use elsewhere, but the presence of a title page and the work's opening with an aria rather than a recitative lead one to think that there never was any sinfonia.

The recitatives are generally shorter and harmonically less bold than their operatic counterparts. It is true that the emotionally more sober and controlled nature of the dialogue in *versi sciolti* encountered in a serenata inevitably rubs off on the style of the musical setting. Nevertheless, the recitatives of RV 690 display an attention to the rhetorical and affective content of the poetic text that is no different from that found in the other serenatas by Vivaldi known to us.[56]

Considering that it is an occasional composition that was almost certainly performed only once during the composer's lifetime, RV 690 cannot but win admiration for the care lavished by Vivaldi on every single aspect of his handiwork and for its intrinsic musical qualities.[57]

---

[55] See SAVERIO FRANCHI, *loc. cit.*, p. 159 (n. 242).

[56] See MICHAEL TALBOT and PAUL EVERETT, *Homage to a French King: Two Serenatas by Vivaldi (Venice, 1725 and ca. 1726)*, in *Antonio Vivaldi. Due serenate*. Partiture in facsimile ("Drammaturgia musicale veneta", 15), Milan, Ricordi, 1995, pp. XLV–XLVII.

[57] I am grateful to Michael Talbot for his useful comments on early drafts of this *Introduction*.

IL TESTO / THE TEXT

[frontespizio / title page]

Serenata à 3 | 2 Canti, e Tenore | con Istrom[en]ti,
Corni dà Caccia, et Oboè | e Fagotto [aggiunto
successivamente] | Del Vivaldi | Pour Monsieur
le Mar[quis] du Toureil | Personaggi Eurilla, Nice,
et Alcindo Pastori

[PARTE PRIMA]

Eurilla
Mio cor, povero cor!
   sì, sì t'intendo:
   tu senti un non so che,
   non distingui cos'è,
   ma ti dà pena.   5
La libertà, cor mio,
   non ti contendo;
   ma sei, credilo a me,
   tu stesso il Fabro a te
   di tua catena.   10
Mio ecc.

Ben che ti sembra, o Nice,
di quel gentil pastore
che dagl'occhi vivaci
ad ogni ninfa in sen getta le faci?

Nice
È bello, è vago, io tel confesso, Eurilla,   15
ma un gran difetto egli ha.

Eurilla
                L'attento sguardo
che ben l'esaminò nol vede ancora.

Nice
Purtroppo lo vedrai: non s'innamora.

Eurilla
Tu m'uccidesti, o Nice!
E appena nato il fior di mie speranze,   20
con man troppo crudel tu schianti e svelli!

Nice
Così sente il mio cor: prova e vedrai.

Eurilla
Sì bello e sì crudel nol credo mai.

Con i vezzi lusinghieri
   mi consola la speranza.   25
E mi dice al cor che speri
   l'amorosa mia costanza.
Con ecc.

Nice
Eccolo che con passo
sciolto, così come ha disciolto il core,
verso noi s'incammina.   30

Eurilla
               Osserva, o Nice,
la maestà che le balena in volto.

Nice
Bene; ma vedo ancora
la libertà che le difende il core.

Eurilla
Eh, che dar non si può cor senza amore.

Nice
Ti lascio, dunque, in braccio a' pensier tuoi.   35

Eurilla
Va', Nice amata, ci rivedremo poi.

Nice
Digli che miri almeno
   il tuo bel volto e 'l seno,
   e al tuo bel seno, al volto,
   resister non potrà.   40
Forse vedrai men fiero
   quel cor cotanto altero,
   d'Amor tra lacci colto
   perder la libertà.
Digli ecc.

Alcindo
Mi sento in petto   45
 l'allegro core
 parlarmi solo
 di libertà.
Non ho diletto
 d'un vano amore   50
 ch'eguale al duolo
 gioia non ha.
Mi ecc.

Bella ninfa, ti serbi
sempre propizio il Cielo
oro al crin, latte al seno e rose al volto.   55

Eurilla
Addio, pastor gentile;
del tuo florido aprile
la vezzosa stagion mai si consumi,
e in te le grazie tutte,
ché ben degno ne sei, piovano i numi.   60

Alcindo
Non può negar il Cielo
l'onor delle sue grazie a sì bei voti;
lo prego ben ch'imprima
gratitudine eguale alla mia stima.

Eurilla
Alcindo, or che disciolto   65
dal custode rigor che pria tenea
fermo il tuo piè nella natia capanna,
dimmi, come ti piace
il libero goder di questa vita?

Alcindo
Assai mi piace e piacerebbe più,   70
se non sentissi un rimorso crudele
d'aver con troppa fretta
posti al pubblico sguardo i miei difetti.

Eurilla
Ah modestia crudel, tu mi saetti!
Qual delle nostre ninfe è poi distinta   75
del sospirato onor de' tuoi riflessi?

Alcindo
Con ossequio devoto
venero in fronte a tutte,
fra quelle trecce d'oro,
quell'eccelsa beltà che splende in loro.   80

Eurilla
Venerar no, non basta;
ma adorar ed amar, indi in tributo
offrirle il cuor.

Alcindo
    Sdegna codesta offerta
la libertà ch'all'alme il Cielo impresse.

Eurilla
Non è viltà un tributo   85
che ridonda in piacer; provalo e poi
condanna, se potrai, cotanti eroi.

[versione B / version B]

Se all'estivo ardor cocente
 langue il fior nel verde prato,
 freddo umor soave e grato   90
 lo ravviva e lo consola.
Così ancor la cara speme
 col suo latte alle mie pene
 mi ricrea e racconsola.
Se ecc.

[versione A / version A]

No, che non è viltà,   95
 a voi, d'una beltà,
 offrir ognor fedel
 e l'alma e il cuore.
È troppo il bel piacer
 sperar e poi goder   100
 la soave mercé
 d'un vero amore.
No ecc.

Alcindo
Sì folle non son io;
da tanti ognor intesi
che a sospirar condanna   105
la superba beltà, sempre tiranna.

Nel suo carcere ristretto,
 non d'affetto
 l'usignuol cantando va.
Col soave dolce canto   110
 piange intanto
 la perduta libertà.
Nel ecc.

Eurilla
O quanto folle egl'è se andar si crede
della sua libertà sempre fastoso.
Ma già cauta l'attendo   115
sul vicin colle ove si porge, amica,
la cristallina fonte e suol ridursi
delle belve la caccia.
Ivi del cuor d'Alcindo
esperta cacciatrice io vado in traccia.   120

Alla caccia d'un core spietato
    teso ho l'arco nel riso, nel vezzo.
Quando poi sarà preda l'ingrato
    vuò punirlo con odio, con sprezzo.
Alla ecc.

Nice
Amica Eurilla, dimmi: 125
come Alcindo rispose
agl'inviti d'Amor?

Eurilla
                    Nice diletta,
nel mio d'uopo maggior giugni opportuna.

Nice
E che? di vaga ninfa
stancar forse pretende i prieghi ancora?   130

Eurilla
Anzi; ostenta con fasto
un seno impenetrabile ai possenti
dardi d'Amor.

Nice
                    Eh non temer, amica,
egli s'arrenderà. Pur l'opra mia
tutta per consolarti dar vorrei,   135
ché le perdite tue son danni miei.

Ad infiammar quel seno
    vedrai che in un baleno
    Amore porgerà l'accesa face.
Così, resa amorosa   140
    quell'alma ora ritrosa
    il tuo core goderà la cara pace.
Ad ecc.

FINE DELLA P[RI]MA PARTE

PARTE SECONDA

Alcindo
Acque placide che correte,
    dolce imago a me porgete
    di soave libertà.   145
E da voi ben solo apprendo
    girne sciolto ognor fuggendo
    quel dolor ch'Amor ne dà.
Acque ecc.

Tenta, lo so, ma più lo tenta invano,
d'incatenarmi il cuor la ninfa Eurilla.   150

Eurilla
Or vedi, Alcindo, in questo
fiorito ameno colle
tutto spirar amore.

Nice
Deh osserva sì, ten priego,
come quel zeffiretto   155
fido baciar quel fior, indi quell'onda
lambe costante ognor la verde sponda.

Come l'erba in vago prato
    se languisce o un mesto fiore
    dal ruscello vita prende,   160
sì d'Alcindo il volto amato,
    della vaga Eurilla al core
    fiamma degna e spirto accende.
Come ecc.

Alcindo
A suo grado scherzar può ben Eurilla,
ma so ben io che a voli più sublimi   165
spiega l'ali amorose il suo Cupido.

Eurilla
Ma timido nocchier non giunge al lido.

Alcindo
Dell'alma superba
    la fiamma riserba
    per chi può innalzarti   170
    d'un soglio al fulgor.
Né perder l'amore
    del grande tuo core
    con vile pastor.
Dell'alma ecc.

Eurilla
Alcindo, Alcindo; io t'apro il sen, m'ascolta: 175
ah! ch'importuno giunge
a chiudermi nel labbro il più che bramo,
per altro io ti direi: Alcindo, io t'amo.

La dolce auretta
   che vezzosetta   180
   spirando, scherzando
   tu vedi col fior,
   ti dice ch'amor
   dovresti al mio sen.
Diletti affetti   185
   promette vezzosa
   la fiamma amorosa
   stringendo il suo ben.
La ecc.

Alcindo
Non dileggiarmi più.
Già so ben io che a vasti amori avvezza,   190
ad amar un pastor chinar non puoi:
lascia in pace il mio cuor, ama gl'eroi.

L'altero bianco giglio
   non degna la viola
   perché selvaggia e sola   195
   superbo di baciar.
Bensì talor si sposa
   con la purpurea rosa
   perché il vago vermiglio
   sol può così formar.   200
L'altero ecc.

Nice
Dove, dimmi, o indiscreto,
apprendesti il rigor che fai tuo fasto?
Non regna tal fierezza
nella placida pace de' pastori,
ov'hanno il nido i più soavi amori.   205

Di Cocito nell'orrido regno
   han ricetto fierezza e rigor.
Ma ove spiega il piacer i suoi vanti
   entro il tenero sen degl'amanti
   sol pietade v'alberga ed amor.   210
Di ecc.

Eurilla
Almen fingi d'amarmi, e sì lusinghi
la mia povera fiamma.

Alcindo
E d'amar vuoi ch'io finga?
Eccomi pronto per compiacerti.
Incivile così poi non son io.   215
Mio tesoro…
Eurilla
        Mio diletto…

a 2
             Idolo mio.
Alcindo
Eurilla, o dio! da questi
benché mentiti affetti
mi scese un tal piacer furtivo in seno,
che mi costringe al fin ora ad amarti.   220

Eurilla
Eh, mi dileggi, o Alcindo.
Se potesse il [mio] cuor prestarti fede,
pronta n'avresti ancor la gran mercede.

Vorresti lusingarmi,
   lo veggo sì, per farmi   225
   trofeo di crudeltà.
Sì folle la speranza
   in me già non s'avanza
   che in te sii fedeltà.
Vorresti ecc.

Alcindo
No, non fingo; di tua beltà su l'ara   230
giuro d'amarti, ed a quest'ora io sento
pietà chieder il cuor al suo tormento.

Eurilla
Or senti qual mercede
si prepara al tuo amor:
lunge, o superbo, vanne dagl'occhi miei.   235
Preda d'Amor io ti bramai, al fine
di punir nel tuo sen tanta alterigia.
Olà ninfe, pastori;
nell'amorosa caccia
colsi la fiera, onde co' scherni vostri   240
ad isbranarle il cuor pronti vi chiamo:
contro un altero un gran rigor io bramo.

Coro
Si punisca, si sbrani, s'uccida
   il superbo spietato suo cuor.
Delle ninfe nel sen non s'annida   245
   mai pietà con chi vanta rigor.
Si ecc.

FINIS

ORGANICO / INSTRUMENTS

Violino I	*Violin I*
Violino II	*Violin II*
Viola	*Viola*
Basso	*Bass*
2 Oboi	*2 Oboes*
Fagotto	*Bassoon*
2 Corni da caccia	*2 Hunting Horns*

PERSONAGGI / CHARACTERS

Eurilla	soprano (Re_3–La_4 / d'–a'')
Nice	soprano (Do_3–Sol_4 / c'–g'')
Alcindo	tenore / tenor (Do_2–Sol_3 / c–g')

INDICE DEI BRANI / INDEX TO INDIVIDUAL MOVEMENTS

SERENATA A 3

RV 690

Serenata a 3
RV 690

[Parte Prima]

Eu. -ten-do, sì, sì, mio cor t'in - ten-do: tu sen - ti un non so che, non di -stin - gui co -

Eu. -s'è, ma ti dà pe - na, ma, ma ti dà pe-na, ti dà pe -

Eu. -na.

Eu. La li - ber - tà, cor mi - o, non

[Fine]

Eu. ti con - ten - do; ma sei, cre - di-lo_a me, tu stes-so_il Fa-bro_a te di tua ca -

Eu. -te - na, di tu - a ca-te - na, ma

Eu. sei, cre-di-lo a me, ⌐cre-di-lo a me,⌐ tu stes-so il Fa-bro a te di tu - a ca - te - na.

Da Capo

Eurilla
Ben che ti sembra, o Ni - ce, di quel gen-til pa - sto - re che da-gl'oc-chi vi-

Nice
-va - ci ad o-gni nin-fa in sen get-ta le fa - ci? È bel-lo, è va-go,

Eurilla
io tel con-fes-so Eu-ril - la, ma un gran di-fet-to e-gli ha. L'at-ten-to sguar-do che

4

ben l'e-sa-mi-nò nol vede_an-co-ra. Pur-trop-po lo ve-dra-i: non s'in-na-mo-ra. Tu m'uc-ci-

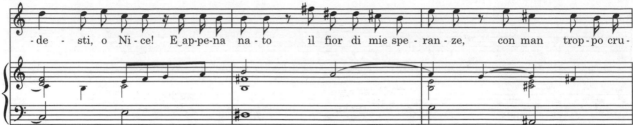

-de - sti, o Ni-ce! E_ap-pe-na na-to il fior di mie spe-ran-ze, con man trop-po cru-

-del tu schian-ti e svel-li! Co-sì sen-te_il mio cor: pro-va e ve-

-dra-i. Sì bel-lo_e sì cru-del nol cre-do ma-i.

[Allegro]

Eurilla

mi con - so - la la____ spe - ran-za, mi con - so - la la____ spe - ran - - za,

mi con - so - la, mi con - so - la la spe - ran - - - - -

- - - za, la____ spe - ran - za.

E mi di - ce al cor che spe - ri, al cor che spe - ri l'a - mo -

[Fine]

-ro - sa mia co-stan za, e mi dice_al cor che

spe - - - - - - - ri l'a - mo

-ro - - - - - - sa mia co-stan za.

Da Capo

Nice

Ec-co-lo che con pas - so sciol-to, co - sì co-me_ha di-sciol-to il

co - re, ver-so noi s'in-cam-ni-na. Os-ser - va, o Ni - ce, la ma-e-stà che le ba-

- le - na in vol - to. Be - ne; ma ve-do_an-co - ra la li-ber - tà che le di-fen-de il

co - re. Eh, che dar non si può cor sen-za_a-mo-re. Ti la-scio, dun-que, in brac-cio_a'pen - sier

tuo - i. Va', Ni-ce_a - ma - ta, ci ri - ve - dre - mo po - i.

[Allegro]

Di - gli che mi-ri al - me - no, che mi-ri al - me - no

10

col - to per - der la li - ber - tà.

For - se ve - drai men fie - ro, ve - drai men fie - ro quel cor co - tan - to al -

-te - ro per - der la li - ber - tà, la li - ber - tà.

Da Capo

Allegro

Alcindo

Al.

Mi sen - to in pet - to l'al - le - gro co - re par - lar - mi so - lo di li - ber - tà.

12

Al.

Mi sen-to in pet - to l'al - le - gro co - re, mi sen-to in pet - to l'al-le-gro

Al.

co - - re par - lar - mi so - - lo di li - ber - tà, tà,____

Al.

par-lar-mi so - lo di li - ber - tà.

[f]

Al.

Non ho di - let - to d'un va-no a - mo - re

[p]

[Fine]

Da Capo

22 Alcindo
vi - ta? As - sai mi pia - ce e pia-ce-reb-be più, se non sen - tis - si un ri - mor-so cru-

25
- de - le d'a-ver con trop-pa fret - ta po-sti_al pub - bli-co sguar-do i miei di-fet - ti.

28 Eurilla
Ah mo-de-stia cru-del, tu mi sa - et - ti! Qual del-le no-stre nin-fe_è poi di-stin-ta

31 Alcindo
del so-spi-ra-to_o-nor de' tuoi ri - fles - si? Con os-se-quio de - vo-to ve-ne-ro_in fronte_a

34 Eurilla
tut - te, fra quel-le trec-ce d'o-ro, quel l'ec-cel-sa bel - tà che splende_in lo - ro. Ve-ne-

[Andante]

16

24

Eu. Se al - l'e - sti - vo ar - dor co - cen - te, ar - dor co - cen - te

[*p*]

31

Eu. lan - gue_il fior, lan - gue_il fior nel ver - de pra - to,

39

Eu. fred - do_u - mor so - a - ve_e gra - - - - to

46

tr

Eu. lo rav - vi - va e lo con - so - la.

tr

[*f*]

18

132

Eu.

-la,　　　　　　　　　mi ri - cre -

139

Eu.

- - - - a e rac - con - so - - la.

Da Capo

Andante

Eurilla

8

15

23

Eu.

No,　no, che non è vil - tà,　a voi, d'u - na bel - tà,　a voi, d'u-

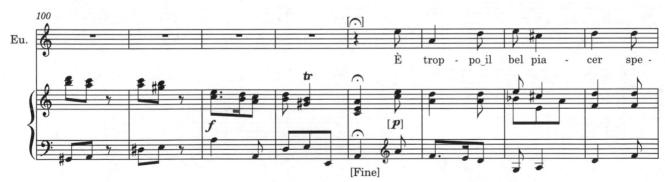

Da Capo

Allegro

Alcindo

5

9

Al.

Nel suo car - ce - re ri-stret - to, non d'af-fet - to

13

Al.

l'u-si-gnuol can-tan-do và, can-

17

Al.

-tan-do và.

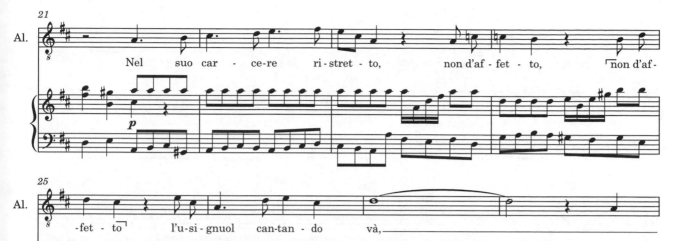

Nel suo car - ce-re ri-stret - to, non d'af - fet - to, non d'af-

-fet - to l'u-si - gnuol can-tan - do và,

can-tan - do

va, can-tan - do, can-tan - do và.

Col so-a - ve dol - ce can - to

[Fine]

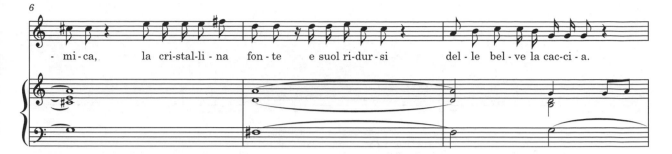

-mi-ca, la cri-stal-li-na fon-te e suol ri-dur-si del-le bel-ve la cac-ci-a.

I - vi del cuor d'Al-cin-do e-sper-ta cac-cia-tri-ce io va-do in trac-ci-a.

Allegro

Eurilla

[*f*]

[Fine]

Eu.

Quan-do poi sa-rà pre-da l'in-gra-to vuò pu-nir-lo con o-dio, con

[p]

Eu.

sprez - zo, con sprez - zo. Quan-do poi sa-rà

[f]   [p]

Eu.

pre - da l'in-gra - to vuò pu-nir-lo con o-dio, con

Eu.

sprez - - - - - - - zo, con sprez - zo.

Da Capo

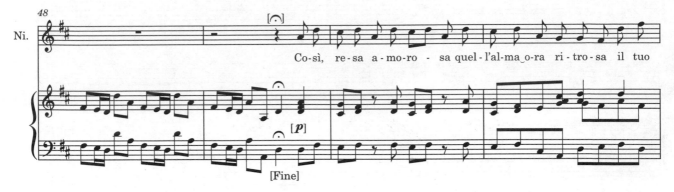

Ni.

Co-sì, re-sa a-mo-ro - sa quel-l'al-ma_o-ra ri-tro-sa il tuo

[Fine]

Ni.

co-re go-de-rà la ca-ra pa - ce.

Ni.

Co-sì, re-sa a-mo-ro - sa quel-l'al-ma_o-ra ri-tro-sa il tuo

Ni.

co-re go-de-rà la ca-ra pa - ce, la ca - - - ra pa - ce.

Da Capo

Fine della
Prima Parte

141152

Parte Seconda

Da Capo

Allegro

Nice

Ni.

Co-me l'er-ba in va - go pra - to se lan - gui-sce o un me-sto fio - re,   co - me

Ni.

l'er-ba o un me-sto fio - re, se lan - gui-sce in va - go pra-to, dal ru - scel-lo vi-ta pren-de, dal ru -

Ni.

pren - de,   sì d'Al-

[f]

[p]

[Fine]

Ni.

-cin-do il vol-to a - ma - to,   del-la va - ga Eu-ril - la al co - re   fiam-ma

Ni.

de - gna, fiam - ma de - gna e spir-to_ac - cen - - - - de, e spir-to ac - cen - de,

[f]

Ni.

sì   d'Al-cin-do_il vol-to a - ma - to,   sì   d'Al-cin-do_il vol-to a-

Ni.

- ma - to, fiam - ma de - gna_e spir - to ac - cen - - - de, e spir-to_ac - cen - de.

Da Capo

Alcindo
A suo gra-do scherzar può ben Eu - ril-la, ma so ben i - o che a vo - li più su-bli-mi

Eurilla
spie-ga l'a-li a-mo-ro - se il suo Cu - pi - do. Ma ti - mi-do noc - chier non giunge al li - do.

Allegro

Alcindo

[f]

Al.

Del - l'al - ma su-per - ba la

[p]

44

Da Capo

141152

Eurilla

Al-cin-do, Al-cin-do; io t'apro_il sen, m'a-scol-ta: ah! ch'impor-tu-no giunge a chiu-der-mi nel

lab-bro_il più che bra-mo, per al-tro_io ti di-re-i: Al-cin-do, io t'a-mo.

Allegro

Eurilla

Eu.

La dol - ce, dol-ce_au - ret-ta che vez - zo-set-ta, che vez - zo -

Eu.

-set - ta spi-ran-do,— scher-zan-do— tu ve-di col fior, ti di-ce ch'a-

Da Capo

Alcindo
Non di-leg-giar-mi più. Già so ben i - o che a va-sti a-mo-ri av - vez-za, ad a-mar un pa-

stor chi-nar non puo - i: lascia in pa - ce il mio cuor, a - ma gl'e - ro - i.

Allegro

Alcindo

[f]

[tr]

Al.
L'al - te - ro bian-co gi - glio non de-gna ___ la vio - la, non de-gna ___ la vio - la, l'al-

[p]

50

Al. bo di ba-ciar, su-per - - - - -

Al. - - - - bo di ba-ciar.

Al. Ben - sì ta-lor si spo - sa, si spo - sa con la pur-pu-rea

[Fine]

Al. ro-sa, con la pur-pu-rea ro - sa per-ché il va - go ver - mi - glio, per-

141152

[Allegro]

Nice

Di Co - ci - to nel - l'or - ri - do re - gno han ri - cet - to, ‾han ri -

-cet - to‾ fie - rez ‾ - ‾ - ‾za, fie - rez - za_e ri - gor.

Di Co - ci - to nel - l'or - ri - do re - gno han ri - cet - to,

‾han ri - cet - to‾ fie - rez ‾ - ‾ - ‾ - ‾ -

Ni. za, fie - rez - za e ri - gor, han ri - cet - to, han ri -

Ni. -cet - to fie - rez - za e ri - gor.

[Fine]

Ni. Ma o - ve spie - ga il pia - cer i suoi van - ti, en - tro il te - ne - ro

[*p*]

Ni. sen de gl'a - man - ti sol pie - ta - de v'al - ber - ga ed a - mor,

Ni. sol pie - ta - de v'al - ber - ga_ed a - mor, en - tro_il te - ne - ro

Ni. sen de-gl'a - man - ti sol pie - ta - de v'al - ber - ga_ed a - mor.

Da Capo

Eurilla

Al - men fin - gi d'a-mar-mi, e sì lu - sin-ghi la mia po - ve-ra fiam-ma.

Alcindo

E d'a-mar vuoi ch'io

fin - ga? Ec - co-mi pron - to per com-pia-cer - ti. In - ci - vi - le co-sì poi non son

Eurilla

i - o. Mio te-so-ro... Mio di - let - to... I - do - lo mi - o.

*a 2

Alcindo

Eu - ril - la, o

* Vedi Apparato critico / *See Critical Commentary*

di - o! da que - sti ben - ché men - ti - ti af-fet - ti mi sce-se un tal pia - cer fur - ti - vo in

se - no, che mi co-strin-ge al fin o - ra ad a-mar-ti. Eh, mi di-leg - gi, o Al -

Eurilla

-cin-do. Se po-tes-se il cuor pre-star-ti fe-de, pron-ta n'a-vresti ancor la gran mer - ce-de.

Allegro

Eurilla

[*f*]

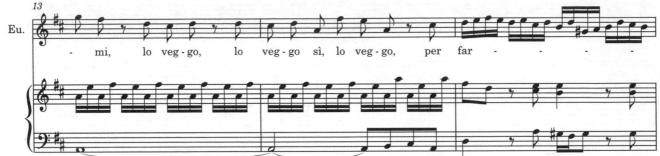

58

Eu.

Sì fol - le la spe - ran - - - za in me già non s'a -

[Fine]

Eu.

-van - - - - za che in te sii fe - del - tà.

Eu.

Sì fol - le la spe - ran-za in me_____ già non s'a - van - - za che in

Eu.

te sii fe - del-tà,_____ sii fe - del - tà.

Da Capo

Alcindo

No, non fin - go; di tua bel - tà su l'a - ra giu - ro d'a-mar - ti, ed a que-st'o-ra_io

sen-to pie-tà chieder il cuor al suo tor-men-to.

Eurilla

Or sen-ti qual mer - ce-de si pre-para_al tuo a-

-mor: lun-ge, o su-per-bo, van - ne da-gl'oc-chi mie - i. Pre - da d'A-mor io ti bra-mai, al

fi - ne di pu-nir nel tuo sen tan-ta_al-te-ri-gi-a. O - là nin-fe, pa-

-sto - ri; nel-l'a-mo-ro - sa cac-ci-a col-si la fie - ra, on - de co'scher-ni vo-stri

ad i-sbra-nar-le_il cuor pron-ti vi chia-mo: con - tro_un al-te - ro un gran ri-gor io bra-mo.

Coro
Allegro

Soprani Tenore

Si pu - ni - sca, si sbra-ni, s'uc - ci - da, si sbra - - - ni, s'uc-ci - da il su - per - bo spie - ta - to, spie - ta - to suo cuor.

Del - le nin - fe nel sen non s'an - ni - da, del - le nin - fe nel sen non s'an - ni - da mai pie - tà, — mai pie - tà con chi van - ta ri - gor, mai pie - tà con chi van - ta ri - gor.

Finis

APPARATO CRITICO

ABBREVIAZIONI

AL.	Alcindo
Bc	Basso (strumentale) / basso continuo
EU.	Eurilla
NI.	Nice
S.	Soprano
T.	Tenore
Vl	Violino

PARTE PRIMA

ARIA DI EURILLA *Mio cor, povero cor!*

	Partitura	L'indicazione «Un Tuono più basso», aggiunta in un secondo momento sotto il rigo del basso, è una modifica contingente (probabilmente introdotta per adattare la tessitura dell'aria alle esigenze dell'interprete della parte vocale).
20	EU.	La corona che sormonta le parti strumentali in corrispondenza del quarto tempo di questa misura indica che la voce esegue una cadenza.
29	EU.	Qui la partitura ha «fabro», mentre nella seconda intonazione del medesimo verso (alla b. 34) utilizza l'iniziale maiuscola «Fabro». Nell'edizione si è adottata la seconda grafia, poiché è probabile che il testo poetico di cui Vivaldi si servì per la composizione avesse l'iniziale maiuscola, trattandosi di una chiara allusione al cardinale Carlo Agostino Fabroni (cfr. l'*Introduzione*).

RECITATIVO *Ben che ti sembra, o Nice*

1-3		Vivaldi ha raschiato via e modificato la notazione originaria nelle parti della voce e del basso, lasciando immutato il testo letterario (potrebbe trattarsi di un intervento introdotto in seguito al cambio di tonalità dell'aria precedente).

ARIA DI EURILLA *Con i vezzi lusinghieri*

	Partitura	L'indicazione «Un Tuono più basso», aggiunta in un secondo momento sotto il rigo del basso, è una modifica contingente (probabilmente introdotta per adattare la tessitura dell'aria alle esigenze dell'interprete della parte vocale).
	Partitura	Nessuna indicazione di tempo: «Allegro» sembra appropriato.
2-4	Tutte le parti	In corrispondenza del primo tempo delle misure 2 e 4 compaiono i segni caratteristici che richiedono la ripetizione integrale della b. 2 (corrispondente alla attuale b. 3).

13-14	Partitura	In origine queste due battute costituivano una sola misura, formata dal primo tempo di b. 13 e dagli ultimi due tempi di b. 14. Allorché decise di introdurre il segno di ritornello, Vivaldi ricavò due distinte misure, corrispondenti alle attuali bb. 13-14.
32	Bc	Nota 1 senza punto di valore.
85	Eu.	Nota 4 senza bemolle.

ARIA DI NICE *Digli che miri almeno*

	Partitura	Nessuna indicazione di tempo: «Allegro» sembra appropriato.
37	Partitura	Doppia stanghetta di battuta alla fine di questa misura (forse Vivaldi aveva intenzione di inserire un segno di ritornello prima della b. 38, ma poi abbandonò l'idea).
69	Bc	La corona aggiunta in corrispondenza della nota 3 con una grafia particolarmente larga e spessa, indica che la parte vocale esegue una cadenza sostenuta dal solo basso continuo.
98	Ni.	Nota 3 ottavo anziché quarto.

ARIA DI ALCINDO *Mi sento in petto*

	Partitura	La parte vocale è notata sul rigo della viola.
29	Tutte le parti	La partitura ha un'unica misura, in cui il segno di ritornello è posto subito dopo la nota 1. L'edizione adotta una soluzione pragmatica, necessaria per raccordare la b. 29 alla b. 17 nell'esecuzione del ritornello, che consiste nel completare con delle pause la prima occorrenza della b. 29.
61	Al.	Nota 3 senza diesis.
62	Bc	Nota 2 con punto di valore.

RECITATIVO *Bella ninfa, ti serbi*

25	Bc	Note 1 e 2 a distanza d'ottava ma congiunte da legatura di valore, forse a causa di una voltata di pagina dopo la prima metà della misura.
46-47	Partitura	Dopo la b. 46 il recitativo continuava con altre quattro misure, già interamente composte. Quando Vivaldi decise di inserire un'aria per Eurilla, fu costretto a modificare l'ultimo tempo della b. 46 di questo recitativo nella parte vocale e la nota 2 in quella del basso, oltre ad aggiungere l'intera b. 47 (prolungando i pentagrammi alla fine del sistema). Indi cassò il troncone di recitativo residuo a capo rigo (corrispondente a due ulteriori versi: «Eh che a penar condanna | la superba beltà sempre tiranna») e le prime sei misure dell'aria di Alcindo *Nel suo carcere ristretto* (poi riscritte alla c. 112*v*).

ARIA DI EURILLA *Se all'estivo ardor cocente*

		Quest'aria è scritta su un quaderno aggiunto in partitura in sostituzione dell'aria originaria, *No, che non è viltà* (forse in seguito a una richiesta dell'interprete della parte vocale). Poiché quest'ultima non è stata tagliata, le due arie vanno considerate una alternativa all'altra (anche se il testo dell'aria originaria si lega meglio a quello del recitativo antistante, da cui riprende il concetto di «viltà»).
	Partitura	Nessuna indicazione di tempo: «Andante» sembra appropriato.

ARIA DI EURILLA *No, che non è viltà*

40	Eu.	La nota 1, sormontata da corona, indica che la parte vocale esegue una cadenza.

ARIA DI EURILLA *Alla caccia d'un core spietato*

35	Vl I	Una corona che sormonta la nota 1 indica probabilmente il prolungamento del trillo.

ARIA DI NICE *Ad infiammar quel seno*

47	Vl I	La corona che sormonta la nota 3 indica che il violino solo esegue una cadenza sostenuto dal solo basso continuo (anch'esso sormontato da corona).
51-53	Ni.	La partitura ha un verso ipermetrico di dodici sillabe (anziché di undici).
60	Ni.	Note 4-5 con gambi separati ma congiunte da legatura.

PARTE SECONDA

ARIA DI ALCINDO *Acque placide che correte*

	Partitura	Nessuna indicazione di tempo: «Allegro» sembra appropriato.

ARIA DI NICE *Come l'erba in vago prato*

20	Partitura	Misura di soli due tempi, probabilmente a causa di una voltata di pagina dopo la precedente b. 19.

ARIA DI ALCINDO *Dell'alma superba*

87-89	Partitura	Dei segni caratteristici, posti dopo il primo tempo delle bb. 87 e 89, richiedono la ripetizione di tutto il passaggio (riportato per esteso nell'edizione).

ARIA DI EURILLA *La dolce auretta*

18	Partitura	I segni che indicano il ritornello sono posti dopo le due pause d'ottavo.

ARIA DI NICE *Di Cocito nell'orrido regno*

	Partitura	Nessuna indicazione di tempo: «Allegro» sembra appropriato.
25	Tutte le parti	La corona che sormonta la nota 1 indica una breve cadenza per la voce; come qui, a b. 54.

RECITATIVO *Almen fingi d'amarmi, e sì lusinghi*

8	Eu., Al.	La frase «a 2» è scritta esattamente come nella fonte. Presumibilmente la parte superiore è destinata ad Alcindo e va pertanto eseguita all'ottava bassa.
13	Al.	Nota 7 senza diesis.

| 15 | Partitura | Dopo questa misura è stata cassata con dei tratti di penna a maglie molto fitte una ulteriore misura di recitativo, già interamente composta. L'intervento si rese necessario allorché Vivaldi decise di inserire in partitura l'aria di Eurilla *Vorresti lusingarmi*, inizialmente non prevista. Anche le quattro misure conclusive di questo recitativo sono, dunque, un'aggiunta posteriore, necessaria per raccordarlo con l'aria successiva. Per effetto dell'aggiunta (che ha comportato l'inserimento di tre nuove carte in partitura), Vivaldi dovette modificare anche l'inizio del recitativo immediatamente successivo (che, in origine, costituiva la continuazione di questo recitativo). |
| 16-17 | Eu. | La partitura intona un verso ipometro di dieci sillabe. |

RECITATIVO *No, non fingo; di tua beltà su l'ara*

| 5 | Al. | Note 5-6 entrambe Do$_3$. |
| 17 | | Misura di soli due tempi, probabilmente a causa della fine del rigo prima di una voltata di pagina. |

CORO *Si punisca, si sbrani, s'uccida*

| | Partitura | Sistema di cinque pentagrammi. A fianco del quarto rigo, notato in chiave di soprano: «Soprani, et | Tenore Unis[o]ni». |

CRITICAL COMMENTARY

ABBREVIATIONS

AL.	Alcindo
Bc	Bass (instrumental) / *basso continuo*
EU.	Eurilla
NI.	Nice
S.	Soprano
T.	Tenor
Vl	Violin

PART ONE

ARIA FOR EURILLA *Mio cor, povero cor!*

	Score	The direction "Un Tuono più basso" ("A tone lower"), written subsequently under the basso stave, refers to a change arising from practical necessity (probably with the aim of making the compass of the vocal part more suitable for the singer).
20	EU.	The fermata placed over the instrumental parts on the fourth beat of this bar is the sign for a vocal cadenza.
29	EU.	The score has here "fabro", whereas the second statement of the same line (in bar 34) uses an initial capital letter, becoming "Fabro". The edition employs the second orthography, since it is likely that the poetic text used by Vivaldi for his setting featured the initial capital, this making clear allusion to Cardinal Carlo Agostino Fabroni (see the *Introduction*).

RECITATIVE *Ben che ti sembra, o Nice*

1–3		Vivaldi scratched out and notated afresh the voice and basso parts, leaving the vocal underlay untouched (perhaps the alteration followed the change of key for the preceding aria).

ARIA FOR EURILLA *Con i vezzi lusinghieri*

	Score	The direction "Un Tuono più basso" ("A tone lower"), written subsequently under the basso stave, refers to a change arising from practical necessity (probably with the aim of making the compass of the vocal part more suitable for the singer).
	Score	No tempo direction: "Allegro" seems appropriate.
2–4	All parts	Above the first beat of bars 2 and 4 appear the characteristic signs prescribing the repetition of bar 2 (as the present bar 3).

13–14	Score	These two bars originally made up a single bar formed from the first beat of bar 13 and the last two beats of bar 14. When he subsequently decided to insert a repeat sign, Vivaldi recast the material to make two separate bars corresponding to the present bars 13–14.
32	Bc	Note 1 without dot.
85	Eu.	Note 4 without flat.

ARIA FOR NICE *Digli che miri almeno*

	Score	No tempo direction: "Allegro" seems appropriate.
37	Score	This bar ends with a double barline (perhaps Vivaldi originally intended to place a repeat sign before bar 38 but then changed his mind).
69	Bc	The exceptionally large and bold fermata below note 3 indicates that the voice is to perform a cadenza supported by the continuo alone.
98	Ni.	Note 3 quaver instead of crotchet.

ARIA FOR ALCINDO *Mi sento in petto*

	Score	The vocal part is notated on the stave for viola.
29	All parts	The source has a single bar containing a repeat sign placed immediately after note 1. The edition adopts a pragmatic solution for the return from bar 29 to bar 17, completing the first-time bar with simple rests.
61	Al.	Note 3 without sharp.
62	Bc	Note 2 dotted.

RECITATIVE *Bella ninfa, ti serbi*

| 25 | Bc | Notes 1 and 2, an octave apart, are joined by a tie, perhaps as the result of a page turn after the first half of the bar. |
| 46–47 | Score | After bar 46 the recitative continued with four further, fully written-out bars. When Vivaldi decided to insert an aria for Eurilla, he was forced to modify the last beat of bar 46 of this recitative in the vocal part and note 2 of the basso part, besides adding the whole of bar 47 (by extending the staves into the margin). Then he deleted the entire last system of the recitative (for which the text was: "Eh che a penar condanna | la superba beltà sempre tiranna") and the first six bars of Alcindo's aria *Nel suo carcere ristretto* (rewritten on f. 112*v*). |

ARIA FOR EURILLA *Se all'estivo ardor cocente*

| | | This aria is written on a gathering added to the score in replacement of the original aria, *No, che non è viltà* (perhaps at the singer's request). Since the latter aria has not been deleted, the two arias may be considered as alternatives, even though the text of the original aria follows on better from that of the prefatory recitative, from which it takes the idea of "viltà" ("lowliness"). |
| | Score | No tempo direction: "Andante" seems appropriate. |

ARIA FOR EURILLA *No, che non è viltà*

| 40 | Eu. | The fermata over note 1 indicates that the vocal part is to perform a cadenza. |

ARIA FOR EURILLA *Alla caccia d'un core spietato*

35	Vl I	A fermata placed over note 1 probably signifies prolongation of the trill.

ARIA FOR NICE *Ad infiammar quel seno*

47	Vl I	The fermata over note 3 indicates that the solo violin is to perform a cadenza, supported by the continuo alone (which also has a fermata marked).
51–53	NI.	The score has here a hypermetric line of twelve syllables.
60	NI.	Notes 4–5 with separate flags but slurred.

PART TWO

ARIA FOR ALCINDO *Acque placide che correte*

	Score	No tempo direction: "Allegro" seems appropriate.

ARIA FOR NICE *Come l'erba in vago prato*

20	Score	This bar has only two beats, probably because of a page-turn after the preceding bar 19.

ARIA FOR ALCINDO *Dell'alma superba*

87–89	Score	Two characteristic signs, placed after the first beat of bars 87 and 89, indicate the repetition of the whole passage (which in the edition is written out in full).

ARIA FOR EURILLA *La dolce auretta*

18	Score	The signs for the ritornello have been placed after the two crotchet rests.

ARIA FOR NICE *Di Cocito nell'orrido regno*

	Score	No tempo direction: "Allegro" seems appropriate.
25	All parts	The fermata over note 1 indicates a short vocal cadenza; similarly in bar 54.

RECITATIVE *Almen fingi d'amarmi, e sì lusinghi*

8	EU., AL.	The "a 2" phrase is notated as in the source. Presumably, the upper part is taken by Alcindo in the lower octave.
13	AL.	Note 7 without sharp.
15	Score	After this bar Vivaldi deleted, with very dense, cross-hatched pen strokes, a further bar of recitative, composed in its entirety. The change was necessitated by Vivaldi's decision to insert into the score Eurilla's aria *Vorresti lusingarmi*, which was not originally planned. Consequently, the four bars concluding this recitative are a later addition, needed in order to provide a link to the following aria. As a result of this addition (which entailed the insertion of three folios into the score), Vivaldi had also to modify the opening of the recitative immediately following it (which was originally a continuation of the present recitative).

| 16–17 | Eu. | The line of verse set here is hypometric, containing only ten syllables. |

RECITATIVE *No, non fingo; di tua beltà su l'ara*

| 5 | Al. | Notes 5–6 both *c'*. |
| 17 | | This bar contains only two beats, probably because it immediately preceded a page-turn. |

CHORUS *Si punisca, si sbrani, s'uccida*

| | Score | System of five staves. Before the fourth stave, in the soprano clef: "Soprani, et | Tenore Unis[o]ni". |